# 我的青春 在台灣

口述——傅榆

採訪撰文——陳令洋

台北電影節&金馬獎最佳紀錄片導演 傅榆

在喧囂的民主台灣尋找內心聲音，真誠發聲之作

# 各界青春力挺

許多人都說要「超越藍綠」，但實際上只是「逃避藍綠」，不願正視問題的根源，自然也就談不上解決。傅榆以她的成長歷程和紀錄片創作為主軸，細緻呈現了青年世代的認同軌跡。這本書讓集體的政治問題落實到個人的生命經驗上，提供了相互理解的契機。

**——朱宥勳（作家）**

傅榆導演以純情、執著、和素樸勇氣，走出屬於她自己的創作特色，她早年就以影像反思她起源於原生家庭中的政治糾葛，後來她堅持多年實作跨海峽公民社會對話，一步步探問根本身分問題，而把自己鍛造成為具有思索政治問題能力的台灣導演。

**——吳介民（中央研究院社會學所副研究員、《第三種中國想像》作者）**

選邊容易、對話困難。

期待傅榆推動的真誠對話，能讓台灣民主繼續深化。

——何榮幸（《報導者》創辦人兼執行長）

傅榆是大馬和印尼華僑來台定居的第二代，在台灣獨特的族群光譜裡，她是一位永遠的「他者」。多元的文化基因與紀錄片的歷練讓她養成了一個敏銳的旁觀之眼，也就是這樣的背景，在台灣複雜的政治認同下，她揭露並挑戰所謂「溫良恭儉讓」的台灣肌理，試圖讓光譜裡不同的人說出想法。於是，金馬獎典禮上，她以生澀而略帶顫抖的聲音向上千萬的觀眾一字一句地講出對台灣的國家想像，這看似莽撞卻真誠的行動來自她成長的蛻變。這本書期許著：有沒有可能，在我們共享的未來裡，人人可以無懼地說出自己的價值與信念？

——李雪莉（《報導者》總編輯）

民主的道路，不會有直線；自由的邊界，必然不規矩。這是我們共同的青春，在台灣。

——李惠仁（紀錄片導演）

不知道從什麼時候開始，我在苗栗幫陳為廷辯護的時候，法庭外總有一台攝影機跟著他，掌鏡的是一個年輕女生，讓我覺得很奇怪。

「那是拍我紀錄片的傅榆導演啦」陳為廷這樣說。

當時還沒發生太陽花學運，陳為廷也還不是學運明星，後來因為常常看到傅榆，越來越覺得佩服她長時間拍攝紀錄片的毅力，彷彿要把所有發生的故事都記錄下來一樣。

《我的青春，在台灣》這本書，記載了不只是蔡博藝、陳為廷的故事，也包括傅榆自己、甚至是在那風起雲湧的社運年代裡，年輕世代共同的努力，從中，我們可以看到，這些年輕人的勇敢、堅強，當然，也可以看到徬徨與失落。

相信經歷過這樣時代的人，一定都不虛此行。

——邱顯智（雪谷南榕法律事務所律師）

任何社會事件裡面的人物都有其複雜的背景，連同拍攝創作者也一樣，如果讀者還記得金馬獎事件引發的軒然大波，如果你還不清楚發生了什麼事，那麼我推薦你讀這本書，聽作者，聽當時的導演說到底發生了什麼事。

——**林立青（作家）**

在台灣這樣一個多元族群、文化且承載諸多歷史傷痕與故事的島嶼，我們的青春隨著政治演進不斷成長、掙扎而後消逝。我們成為了政治工作者，而後謳歌餘生不再回來的青春。傅榆書寫的是我們所有身為「解嚴世代」年輕人的青春。期許獻祭青春了的往後，台灣只有是非黑白，不再有是非藍綠

——**林家興（紐約大學國際關係碩士、《新共和通訊》創辦人、前國民黨青年團總團長）**

因為金馬獎上的發言，傅榆這一年來都很辛苦，擁有自己的政治主張不是罪，但她受到懲罰。人本來就不是平白無故自由，是無私的奮鬥與犧牲才能成就，是世世代代台灣人，用他們的青春，一步一步走到這裡。而現在，我們也在這麼做。

——**胡采蘋（行銷部門主管，曾旅居中國十年）**

感謝傅榆用自己的人生與創作，向大眾分享如何在交織的身份中，爬梳過去，書寫現在，尋找共同的未來。

——苗博雅（台北市議員）

啟蒙，是有趣又神秘的化學變化。因為一段話、一本書、一次新聞事件、一場運動、一部紀錄片，從此生命有了不同的樣貌。這本書記錄作者的啟蒙歷程，因此產生了一部影響深遠的記錄片以及震撼人心的金馬獎致詞，然後啟蒙了更多人的青春歲月。

——陳信聰（公視有話好說主持人）

多數人普遍有個共識，就是盡量不與人談及政治，但正因為我們擁有民主自由，才能以不同的聲音去對話，這是重要且可貴的

——鬼門圖文（圖文創作者）

《我的青春，在台灣》有紀錄片無法紀錄的「我們」與「我」，對話的可能與不可能。書中環繞的危機感（記憶的、表現形式的、政治的、未來的），認同的差異與補

充，在不同地帶運行的微痛與抵抗，不論是否完全咬合，都將引誘我們再次追問：我曾在哪個現場，又願意進入哪一個戰場——那是青春以後的事，是我們的台灣日常。

——馬翊航（《幼獅文藝》主編）

成長其實沒有終點，因此，青春期也可以無限延伸。只是，外界總還是要給你貼一個標籤，你已經不是小孩了，你已經是個大人了，你已經該如何了，或者是，你是台獨。

外界因為急於給自己早已預設好的立場做確認，而給予她許多標籤。從傅榆導演的這本書裡，我看到，這些標籤有多沒意義。每個人都有一個複雜的人生故事。若真的要給這位金馬導演做出一個分類，她就是那個，至今仍然相信，人是可以透過溝通，了解彼此立場的。

作為政治宣導，一直到結尾都沒有結論，是不合格的。但她是個影像工作者，不是政治宣傳者，不需要肩負這個重擔，她所創作的作品，她所描繪出的，是人的景況（human condition）。

——張之豪（基隆市議員）

這本書不只是傅榆深刻自我探索的故事，也反映了台灣青年世代的政治思索旅程，更是整個民主台灣的一頁青春。

——**張鐵志**（**作家**）

傅榆的紀錄片《我們的青春，在台灣》是一部關於陳為廷及蔡博藝兩位學運青年的青春繁華錄，而《我的青春，在台灣》這本書卻是傅榆自己的青春繁華錄，是一個青年紀錄片導演的自我檢視及省思；沒有什麼比認真看待自己與他人的人生更重要的事，尤其是以紀錄他人人生為職志者，而傅榆做到了。

——**詹正德**（**影評人**）

有別於紀錄片電影吐露的創作面臨無助心聲，紀錄片確實有那麼點無法判斷結尾如何收才對的結論。書裡更詳實地傳達這段以民主紀錄的失焦青春。關於熱情、信念，以及人世間所有的進退兩難。

——**膝關節**（**影評人**）

《我們的青春，在台灣》，對有些人來說是部有爭議的電影，《我的青春，在台灣》這本書，卻是再單純也不過的著作，記錄了傅榆的生命歷程，及其作品與生命輝映。《我們的青春，在台灣》也是部單純的電影，但也許是因為體制的複雜與邪惡，總讓人們看不見單純的人與單純的作品。

——**管中祥（中正大學傳播學系教授、台灣公民行動影音紀錄協會理事長）**

「台灣」是什麼——這是個艱難的問題。由於歷史因素，這小小的島上有各種認同，不只統獨，還有原住民與各國移民；這麼多不同認同的人，有可能構築出「共同的台灣」嗎？我認為本書在艱困中或許提示了某種溫柔的可能。

——**瀟湘神（小說家）**

＊按推薦者姓氏筆畫排列

# 出版緣起

◎衛城出版編輯部

一九八七年台灣解嚴，結束了長達三十八年的戒嚴時代。然而，台灣並非就此無縫銜接到太平歲月。從長期的威權邁向民主，社會內外經歷劇烈的變化，既有過往被壓制的聲音翻上檯面，更有價值與認同上的分歧露出地表。我們今天可以輕易數出一些新聞事件，視為這段歷史的里程碑，如五二〇農民運動、第一次北高市長及省長直選、第一次總統直選……等等。然而，對於實際在台灣生活的人而言，過去三十年的政治社會轉型，還有更多是超越短期事件，在日常、隱微的層次上，長期地發生著作用。這些雖是集體歷史的一部分，但細微的感受卻是只有在穿透「集體」的表膜、進入個人生命史的微觀視角時，才能看得清楚。

此時出版傅榆的《我的青春，在台灣》，我們認為有一層意義，是透過傅榆、在個人生命經驗的層次上，更細微檢視台灣過去三十年的歷史。可以說，這本書是一本「解嚴的個人史」。而故事的主角傅榆，又是一位敏感、內向，不斷在人我的視角之間進行自我反思的回憶者——正因為她是這樣的內省者，才能把成長過程中許多細微的感受，陳述得如此纖毫畢現。在本書中，我們盡可能保留傅榆本人的口語，不加太多修飾。

另一方面，本書既是關於傅榆的青春，也是關於台灣民主的青春時代。這個青春時代，雖然已歷經各種坎坷不易而來到今天，但它還在成長，還是個未完待續、繼續展翅的故事。因此，在封面設計上我們決定不選用發生在過去，太過具象、令人聯想到特定運動的圖像，而選擇用「翅膀」這個抽象、向未來敞開的意象。

如同Being書系的定位：歷史從每一個人開始。當故事被說出，並不會就此結束。當一道獨特的生命軌跡被理解、宛如水滴流進大海，這理解本身意味著一個新的可能性，一對翅膀迎向未來。

推薦序

# 青春、認同、政治——傅榆的賦格

◎作家 林蔚昀

**我們是時代的孩子，**
**這個時代是一個政治的時代。**

**——辛波絲卡，〈時代的孩子〉**

似乎已是一種儀式，每次選舉將近，大家就會大夢初醒般開始談政治、或不談政治、或避談政治、或政治歸政治，XX歸XX。平常把頭埋在沙子裡的把頭抬起來了，平常躲在水底下的歧見紛爭，也像剛煮好的水餃浮現了。有人厭煩，有人說政治骯髒黑，有人說你不管政治政治就會來管你。有人藍，有人綠，有人白，有人紅，有人黃，幾乎可湊成一桌麻將。

雖然有人說藍綠一樣爛，有人說藍綠是假議題，但它就是存在。有看過《駭客任務》就知道母體無所不在，想自由的人類只能進入意識形態的虛擬世界，從內部突破。但知易行難。不同陣營之間無法對話是事實，即使是看似同一邊的，很多時候也無法對話，彼此互稱豬隊友、老鼠屎。現實中，我們看到各種各表／婊，有父母對孩子，孩子對父母，有成功說服的，也有互相情感勒索的，或是天涼好個秋。對了半天，還是沒有交集，依然是兩條平行線。

《我的青春，在台灣》的作者傅榆很敢。即使意識到（或沒意識到？）結果可能慘烈，她還是希望和不同陣營、不同觀點的人對話、溝通。看在稍微圓融世故的人眼中，這行為簡直白目，只有中二的青少年才做得出來。但若是沒有這樣的白目、勇敢，她也不會拍出《大家一起照鏡子》、《藍綠對話實驗室》以及後來的《我們的青春，在台灣》，更不會有這本書。

## 我們的失語是怎麼煉成的？

《我的青春，在台灣》是傅榆的自述，很神奇，這本書裡面的聲音不只有一個，而是像不同時期、或是同一時期不同心境的傅榆都在發聲，這些聲音有些平行，有些重疊，聽起來就像一首賦格。我們首先聽到她的成長，一開始，她在偏藍的父母影響下，政治立場也是藍的（認同國民黨和中華民國、討厭民進黨但說不出為何討厭、對台灣有種疏離感），雖然那時候她對政治立場的概念還很模糊。

我和傅榆同年，是外省第三代，我曾經不認同台灣，現在認同台灣，裡面她寫到一些內心轉折我很有共鳴（雖然我們背景不同，她父母是馬來西亞華僑），比如因為不會說台語，在台語人之間覺得格格不入。但是，這種事我是不敢說出口的，因為政治不正確，可能會讓一些台灣人（我至今依然不知道，要稱呼他們為本省人還是台灣人？）、台派人士憤怒。台灣人一直因為台語及台語口音而被排擠、嘲笑，台語以前被打壓（說台語還要掛狗牌），今天台語的處境也岌岌可危，瀕臨絕種，甚至許多台語家庭的年輕人都不會說了，台語人彷彿被閹掉了舌頭，縫上華語的新舌頭，就像林莉菁在《我的青春、我的FORMOSA》中提到的。

於是，我就像《永別書》裡的賀殷殷，拼命努力認同台灣、聽台語、學台語，要比台灣人更像台灣人、更愛台灣，這樣才能安身立命。但是，也像賀殷殷一樣，兩面（或多面）不是人，因為要否定自己的一部分。和我不同，傅榆說出口了，雖然這樣會被罵。她很誠實面對她的成長過程，不否認任何青澀幼稚，不對自己割席，不自我審查，不美肌修圖。她把心底話和讀者分享，不管是成熟的、天真的、世故的、無私的、自私的……這會讓某些讀者有強烈的共鳴，深深感動（陳令洋的採訪做得很好，能這麼誠實，表示敘述者和採訪者之間有信任）。另一方面，因為太誠實了，可能也會讓另一些人覺得被踩線、被冒犯。

## 政治的日常對話

如果沒有這些會踩線的點，這本書會更乾淨，更政治正確，但它就失去了誠實動人、質樸的力量。更重要的，如果這樣，就會違反傅榆一直渴望的：想要說出自己的想法，不因為害怕被嘲笑或是破壞表面和諧而沉默。她想要打破沉默，說那些不可說的部分，真正與人交流。這可能嗎？不知道，但一定很困難。如果不難，怎麼同溫層喊了那麼久溝通對話、走出同溫層，最後還是回到自己的被窩裡取暖，罵不同陣營、不同想法的人是腦殘？（這現象並非台灣獨有，而是舉世皆然）

傅榆的老師蔡慶同說：「當你質疑一個人的政治立場，你是在質疑他的整個人生。」那麼，要理解一個人的政治立場，是否也要理解他的人生？要溝通對話，是否也要賭上自己的人生，讓對方感受到自己是真誠、有同理心的？

我沒看過傅榆的任何一部電影，對於她透過拍片進行的嘗試，只能從她的拍片心得中猜測狀況。其實這本書的重點也不在於她的對話嘗試是否成功，而是在她自己的成長和改變。雖然讓藍綠家庭（傅榆自己的家庭和同學曾也慎的家庭）對話的《大家一起照鏡子》讓雙方感到受傷而不歡而散，也受到老師們的批評，但傅榆卻因此第一次意識到，政治傾向和情感是緊緊扣連在一起的。社會上有各種不同立場的人，她不必依附家庭立場來做政治選擇，而是可以獨立思考政治這件事。

看起來，有點像是犧牲了別人來成全自己的覺醒，但其實影片中的主角也是有選擇的，他們也可以選擇在受傷後繼續溝通、互相理解。他們沒有，可能是因為傷口太深、太痛。然而，只要溝通對話，就一定會受傷（因為每個人是如此地不同），就像活著一樣。

## 對話是為了帶來轉變

如果溝通對話會帶來傷害，那為什麼要溝通對話？如果面對歷史會揭開過去的傷口，那為什麼不讓它過去就好？嗯，因為沉默並不會解決問題，相敬如賓最後變成相敬如冰，如果有天不小心撞上冰山，關係就沉船了。同樣，過去的傷口從來沒有真正過去，只是在層層白色的繃帶底下，不斷滲出血和膿。

不過確實，歷史的傷口太過沉重，要上一輩對話溝通很困難，這也是為什麼傅榆在《藍綠對話實驗室》中把鏡頭轉向首投族，從二〇一二年總統大選前四百八十四天開始，讓一群年輕人彼此對話，談論統獨、藍綠、世代、認同，影片也間接紀錄了國光石化、反核運動等社會事件。

如果《大家一起照鏡子》是關於認清事實、幻滅與破碎，《藍綠對話實驗室》就是關於轉變。這轉變是雙向的，傅榆在紀錄年輕人對話討論的過程中，被他們改變（比如被陳為廷影響，開始關心戒嚴歷史、轉型正義，發現白色恐怖的迫害不分省籍，進而意識到自己對「藍綠」的想法被省籍的刻板印象侷限住），而被記錄的年輕人也被這部片改變了。本來偏藍的學生在「反媒體壟斷」和三一八學運中支持抗爭者，本來沒有那麼關心社會的，也開始關心社會了。在此同時，紀錄片的拍攝者和被拍攝者也被社會中的事件改變著，他們的行動也影響著社會。

不過，就像在所有的對話中，總會有人說得比較多，總會有人覺得自己的聲音沒被聽到，或是很難發聲，《藍綠對話實驗室》中也有這樣的問題。對此，傅榆說：「或許是我們溝通的方式，忽略了雙向的交流。但這些人並非完全鐵板一塊，能不能被說服，最後涉及溝通的藝術。」

## 一代人的青春，一代人的成長

在《藍綠對話實驗室》後，傅榆展開長達四年（二〇一二——二〇一六）的拍攝計畫，聚焦在台灣學生陳為廷和中國留學生蔡博藝在台灣參與社會運動的過程（包括三一八學運），進而思索中國因素對台灣的影響，以及中國民主化的可能性。原本，傅榆只是拍攝、記錄兩人，但後來三一八落幕，主角都不在第一線衝撞了，傅榆的熱情消退，對拍片的意義感到迷惘，甚至不知如何收尾，這時她才發現，這也是關於她自己的追尋、故事、青春、失落和成長。原本她把希望寄託在兩位主角身上，希望他們能給她一個答案，但後來發現答案就在她自己身上：「……我一直跟在他們後面，自私地幻想我們要一起去同樣的地方，但是我其實跟不上他們的腳步。我到了只剩下一個人的時候才恍然大悟，我們本來就是獨立的個體，每個人都有自己要去的地方。」這痛苦的體悟，正是導演青春的終點，也是影片完成的起點。

於是，傅榆把自己也剪進影片，這部《我們的青春，在台灣》於是真正成為他們三個人，甚至一整代台灣人的故事，不只是有明星光環的運動領袖。紀錄片導演把自己放入影片，總是會遭受到「這樣不客觀、這樣介入太多」的質疑，就像《日常對話》的導演黃惠偵讓自己入鏡和母親對話，也受到了質疑。但是，本來就沒有百分之百的客觀，即使是看似中立的新聞報導，也有框架及色彩。紀錄片導演如果只是為了想介入而介入，那顯然會破壞紀錄的客觀，如果要介入，就得有一個足夠的理由。

傅榆的介入，有足夠的理由嗎？再一次，因為我沒看過紀錄片《我們的青春，在台灣》，只能從文字方面來評論。身為《我的青春，在台灣》的讀者，我覺得這理由是充分的，因為有她的介入（或者該說，加入），同樣身為運動旁觀者的我，可以比較容易進入狀況。我還記得，當我住在波蘭，觀看遠方台灣的三一八運動時，也有類似的焦慮、不安、恐懼、困惑、迷惘、疲倦、無力、疏離。

或許因為沒有看電影，書中有些部分我不是那麼能夠進入，尤其是第五章的某些部分，覺得比較像映後訪談，或是拍片心得。但是，當傅榆講起自己的成長、轉變、矛盾和想法，這部分又很動人。讀這本書的時候，會有情緒起伏，有時候很投入有時候很疏離，我想，這也符合導演拍片、參與社會運動的狀態。那是一個流動的狀態，就像對話本身是流動的，青春也是。

青春充滿衝撞、挫折、犯錯、不安、失望……但青少年也在這混亂的過程中轉大人，這是一個可貴、值得尊重的歷程，正如波蘭兒童人權之父柯札克說的：「青春是高貴的。」如果沒有青春，也不會有後來的成熟。傅榆的《我的青春，在台灣》紀錄了她在政治意識和身份認同上的成長過程，而本書的讀者，也可以透過閱讀，重新經歷，或開始經歷自己的青春。

# 自序

會有這本書的出現，其實很明顯，是因為二〇一八年的金馬獎。那一場發生在我青春期尾端，足以改變我人生的意外。

一般來說，青春期大多泛指十多歲成長到二十多歲的時期。但對我個人來說，我真正的青春期，似乎是在我二十六歲、拍完第一部關於台灣政治的紀錄片《大家一起照鏡子》之後的二〇〇八年，才慢慢展開的。如果青春，指的是經歷啟蒙、探索、衝動、挫折然後成長的過程，那我的青春，大概就是從二〇〇八年，一直延伸到二〇一八年，做完《我們的青春，在台灣》、得到了金馬獎之後，才開始不得不接受，自己真的該長大，前往下一個人生階段了。

我一直覺得，自己比同年齡的人都晚熟得多，做什麼事情都是慢半拍，所以對許多道理的領悟，也都比一般人晚了一些。尤其是對於政治，對於身份認同，在大二以前，我可以說像是與世隔絕一般，沒有接觸過台灣社會真正的政治樣貌。至少在此之前，其實我不知道，原來談論政治，是敏感的。直到一次我與大學同學之間因為政治而差點引起爭吵，並且被其他同學拉開，才讓我發現，在場似乎只有我一個人，不懂這是怎麼一回事。不同立場之間的人不談政治，像是一種人人心知肚明的潛規則。

所以，當電視上在吵著本省外省的時候，我才開始困惑，自己到底屬於什麼人？當總統選舉越來越走向藍綠兩大勢力之爭的時候，我才開始困惑，究竟藍綠從何而來？當開始拍攝政治相關的紀錄片，我才開始更困惑，為什麼有好多事情，我原本都不知道？這些晚熟，我想是來自我雖然出生在台灣，卻相對特殊的家庭背景。

而這樣的晚熟，或許是促使我如此想透過不斷拍紀錄片，去探索台灣政治的根本原因。如果不是因為這種總是落於人後，需要不停追趕的不安全感，我想我不會有這麼強的動力，想要一直朝著這個主題繼續拍下去。從二〇〇八年到二〇一八年，我拍了四部關於台灣政治的紀錄片。它們看起來是一部一部獨立的紀錄片，散落各處，沒人理解其中相關聯的脈絡。但對我來說，這幾部紀錄片，就是屬於我個人的政治成長簡史，像是三部曲，與一部前傳。

不過，儘管這些於我有多重要，我總認為，如果不是與自己有關，誰會想看另一個人的成長過程？因為如此，我從沒有把這些過程爬梳出來的意圖。很幸運也很感謝，我遇到了衛城出版社，還有願意聽我囉唆的口述，去蕪存菁編撰成文的令洋。他們讓我感覺，自己探索政治的這段成長歷程，或許的確緊緊扣著近代台灣政治歷史的演變。而爬梳這個過程的意義在於，可能讓更多人有機會從個人史的角度，去思考整個國家的歷史。重點不在於我個人，而在於這本書可能是一個媒介，讓生活在台灣的每個人，都有可能嘗試從自己生命史的角度，對照台灣的歷史，以至於理解與自己不同成長背景的人，在同一個時間點，又是如何面對與度過的。

我由衷的希望，這本書帶有這樣的功能，讓有機會閱讀到它的人，多花些時間思考自己面對政治的歷程，與自己生長的這塊土地之間的關聯。這是我對這本書最大的期望。

# 第一章　我的存在感保衛戰

## 和台灣的民主一起長大

在台灣出生成長，我們的青春經驗是什麼？

我出生在一九八二年。我這一代人，成長的時期，正是台灣解嚴之後，一步步邁向民主化的時代。可以說，我這一代人，就是和台灣的民主一起長大的。

在台灣，日常生活裡幾乎是無所不在地，有很多政治訊息。新聞很喧囂，每天都有很多議題、對立、口水仗。威權時代不會有這些。但我這一代人出生成長在台灣結束威權，起步建構民主的年代。我五歲的時候，台灣解嚴，民主進入幼兒期。我十四歲的時候，台灣第一次總統直選，民主很青澀，但是已經有它獨立的生命。我們成長的過程，幾乎一定會受到政治的影響。每一件台灣「民主化」歷程中的歷史事件，其實也都滲入我們的成長經驗裡，成為我們個人生命史的一部分。

所以，在台灣，和民主一起長大，究竟是一種什麼樣的感覺呢？這並不是一條平順的路。青春會有理想。但是當時或許都沒想過，理想之中會藏著傷。我們想找到認同，卻要經過反省，才會注意到認同之中，也會藏著排擠與被排擠。這條路，我們到現在也一直在走。

而我的故事，只是許多故事當中的一個。

## 台灣就要毀滅了

「全國同胞們，台灣就要毀滅了！毀在民進黨的納粹法西斯手裡！毀在李登輝國民黨的慈禧太后義和團手裡！」——一九九四年台灣迎來了第一次台灣省長與直轄市市長選舉，我所居住的台北市，市長候選人呈現國民黨黃大洲、民進黨陳水扁與新黨趙少康三強鼎立的局面。當時趙少康策略性地將這場直轄市長選舉提升到了「中華民國保衛戰」的層次，因而在辯論會上這樣高喊著。最後那次市長選舉由陳水扁勝出，成為台北市第一位民選市長；同時，在省長選舉方面，我爸當年最喜歡的政治人物宋楚瑜代表國民黨，擊敗了民進黨籍的陳定南，成為台灣第一位民選省長（也是唯一一位）。

二十年後的二〇一四年，台灣沒有毀滅，倒是發生了三一八運動，為了抗議政府草率通過與中國簽訂的海峽兩岸服務貿易協議，一群學生們憤而佔領了立法院議場。這時的我已經成為了一位紀錄片工作者，持續以鏡頭紀錄著運動學生蔡博藝、陳為廷大起大落的人生。同樣在二〇一四年，我大學時期的偶像郭力昕老師為我先前拍攝的紀錄片《藍綠對話實驗室》寫了一篇影評，叫做〈聆聽與對話——年輕世代重啟民主教育〉，開頭就從二十年前的那場台北市長選舉開始寫起，幾乎將趙少康所標舉的「中華民國保衛戰」視為二十年來台灣殺得難分難解的藍綠、統獨與省籍矛盾的開端。

回看二十年前，當時才小學的我，當然不曉得那場選舉中到底發生了什麼樣的政治攻防，比起這個，我更苦惱於自己正面臨轉學後人生第一次遭受排擠的窘境。但我沒想到的是，那段揮之不去的排擠經驗，和台灣社會越來越糾結的省籍、統獨、藍綠問題，居然過了二十年後慢慢地連在一起，變成我生命裡最重要的議題。

我是傅榆，台灣人，但我爸媽並非本來就是。爸爸是馬來西亞華僑，讀大學的時候才來台灣；媽媽是印尼華僑，九歲時來台。在上大學以前，我總以為自己是「外省人」，對於這個族群分類名詞的意涵我從來都搞不清楚。那時天真地以為，所謂「本省人」就是閩南人，因為我不會說台語，所以我應該算是外省人吧？誤踩在這個位置上的我，總是對「台灣」有種疏離感，並對於「本省人」所宣稱的正義會有種難以接受的厭惡。但隨著我開始拍攝與政治認同相關的紀錄片，漸漸地我不再對自稱「台灣人」有任何的疑慮。會有這樣的轉變，我想主要的原因，是來自於拍攝一部又一部關於台灣政治的紀錄片，讓我有機會認識到台灣過去發生的事情，尤其是白色恐怖時期的歷史。對那段歷史有越多的了解，越容易讓自己不再那麼容易僅以「省籍」遺留下來的情緒看待身份認同。

現在的我，認同自己是個台灣人，我的夢想是有一天，台灣（不管叫什麼名字）可以成為一個主權完全獨立的國家。我曾經試著要爬梳這個夢想從無到有的過程，但始終找不到那個初始的時間點，或許就從我的童年開始說起好了。

## 超級大女人與家庭小精靈

自我有清晰的記憶以來，我們家就已經住在天母的中山北路七段。更早之前，由於我爸曾在文化大學教書，我對自己住過陽明山宿舍還有一點點印象，只是很模糊了。但無論如何，台北就是我原生的地方。這和爸媽不一樣。爸媽來台之後，還各自遷徙過許多地方，特別是媽媽，來台灣的時間比較久，最早還曾經隨著在東南鹼廠任職的外公住過宜蘭羅東，而後又搬到台北市的信義路，見過信義路還很郊區的年代。

由於媽媽沒有正職工作，便自己開了一間英文補習班。雖然她大學讀的是師大家政系，但曾隨我爸出國留學，在英國待了很多年。在英國的那幾年，她接案做打字和翻譯，或許因此累積了一點工作經驗和英文實力。在台北定居下來後就認為可以開一家英文補習班。從這裡也可以看出她的個性很敢為，行動力很強。這間補習班最初的規模，只是從我們家中隔出一個房間來充當教室，沒想到越開越大，最後竟在外面租了一個空間經營起她的補習事業來。我在小學三、四年級的時候，就開始跟著一起上課。同樣的課程我實在聽了太多次，內容早已記得滾瓜爛熟，媽媽就起用我當小老師，幫大家默背單字。後來我一直待在補習班，她還一度想要傳承給我。但我說得很明白，我沒興趣。或許也因為英文補習班，我考大學選科系的時候完全不考慮外文系。現在回想起來，這可能是我對她的一種叛逆。

當時，我和她沒什麼衝突，但在許多事情上已經可以看出彼此價值觀不大一樣。一反性別刻板印象，媽媽在家庭角色中比較常扮黑臉，個性比較偏執一些。譬如說她認定漫畫是不好的東西，就完全不讓我們看漫畫。我和妹妹買了漫畫，就必須找地方藏起來，常常是藏在補習班櫃子裡，不能讓她發現；又或者她要求我們放學後必須馬上回家，長期下來，導致我不馬上回家就有罪惡感。有一次我只是放學後去吃冰淇淋，回家之後就必須說謊。謊是怎麼說的我也忘了，但後來吃冰淇淋的事還是被發現，當然免不了要受處罰。諸如此類明明沒怎樣的事，最後卻得偷偷摸摸地進行。

我爸和我媽的性格完全不一樣，在開車這件事情上差異最明顯。我爸開車很慢，但開得很穩；我媽就喜歡飆車，在車縫間鑽來鑽去，一下加速，一下又急煞，所以我不大喜歡坐她的車。但她的技術或許真的比較好。她很喜歡向我們炫耀，當年她和我爸一起學開車，教練總是比較稱讚她的技術。在路上遇到任何障礙，她會猛按喇叭，一有不順就要下車找人理論。我們總是很緊張，萬一對方是惡霸怎麼辦？但她還真的沒怕過。

不過，她雖是個超級大女人，卻不是女性主義者。她總是讓我聯想到妮可·基嫚主演的《超完美嬌妻》，電影裡的男人都想娶超完美嬌妻，但那些嬌妻們實則都是機器人，所以才能被設定得非常完美。發人深省的是，大家最後會發現，設計出完美嬌妻的其實是個女人。

許多像我媽媽這樣性格的母親，自己在家中雖然強勢，卻未必會贊同男女平權。伴隨著強勢的個性，是可以拿「完美」來要求他人、特別是別的女性，衡量每個人是否扮演好她「應該」扮演的角色。這也是一種生活中的權力關係。這種權力關係，比政治權力隱性。人們習慣在其中呼吸，順著它的邏輯行動，往往毫無知覺。就像電影中，最想維持「完美嬌妻」的想像與制度的，是服膺這種權力關係的女性。我想，這可能是台灣許多媽媽的寫照。

媽媽九歲以前住在印尼。撫養她的人是她的奶奶，家裡有印尼幫傭。或許因為這樣的成長背景，在她眼中，華人與印尼人先天不同，她很容易就以身為華人為傲，也認為自己的地位高於印尼人，或甚至其他任何和她身分不同的人。她的自我主觀很強，當面對不同的意見，她通常認為自己是對的。我想，她之所以是這樣的個性，和她的童年成長背景有關。

相對的，我爸很像《哈利波特》裡面的家庭小精靈，任勞任怨。他很喜歡做家事，只要我們開心，他就會開心。他總是默默地維持家裡的整潔與秩序，當然他有時也會生氣，但還是為了家人，默默把怒氣忍下來。

後來，我媽的補習班關門了。那段時間她很低潮，也許是想要找個依靠，她突然對基督信仰變得異常虔誠。但她的虔誠並不表現在對教會活動的熱衷，或是對聖經價值的堅守。她甚至可以不去教會，但她會把家裡的電視機轉到好消息頻道，讓它播上一整天。她也希望我們跟她一起信基督教，但我們不想。我個人對宗教沒有什麼偏見，比較反感的是那種因為自己信、也要別人跟著信的態度。加上她信仰的方式排他性比較強，我隱約覺得這樣是不好的。

此外，我們家的經濟狀況一度變得比較艱難。於是她在禱告的時候，就會祈禱讓她買的股票大漲、發大財。這也讓我懷疑，信仰是追求這樣的東西嗎？

為了解決家裡的經濟困窘，我和妹妹以一起上教堂為代價，勸我媽賣掉房子以解燃眉之急。我媽真的照做了，殊不知房價後來漲了起來，我媽因此很埋怨我們。我們也履行承諾，跟她去了一段時間的教會，直到我結婚離家，才藉機取消。我倒不是覺得教會不好，有些教會牧師講話還滿有趣的，但畢竟不是我自己主動想去，這樣對別人的信仰也不是很尊重。

我媽是有話直說、直腸子的人，她希望我們有話不要悶著不說。有時候我們覺得她近乎挑釁，所以會想要息事寧人，但越是這樣，她越會更咄咄逼人。她對現在的政治情勢不大滿意，經常對著我抱怨蔡英文、柯文哲，說不知道他們在想什麼。我說，我也沒有喜歡柯文哲啊，妳為什麼要一直講給我聽。她就會回說，我又不是講給妳聽的，我自己想說不行嗎？

如果改用觀察一種生物的角度來看，她其實是很有趣的人。我越來越發現，她就只是不吐不快。我越了解她的個性，就越不會生氣、越沒有情緒，然後就可以在她的叨念中入定。

換個角度來想，她也算是為我們家帶來了一種正面的風氣。她也知道我們想法和她不同，但我們不會制止她說。反之亦然。所以，在家裡，我們都能擁有自由表達意見看法的空間。

## 不曾消失的「29號」

一九九三年，我從小學四年級升上五年級時，從天母國小轉學到鄰近的三玉國小。因為三玉國小新成立，原來就讀天母、蘭雅國小的學生，如果住得離三玉比較近，就必須轉過去。因此那裡集合了兩到三個學校的學生。

轉學之前，我常在天母附近的公園玩，遇到了後來帶頭排擠我的女生。她是孩子王，也很受男生歡迎，大家都和她交好，我原本也常和她玩在一起。漸漸地，環繞在她身邊形成一種勢力、一種有排他性的人際小圈圈。而一開始，我也是小圈圈的一份子。

然而不久後，班上有個比較邊緣的女生，開始被排擠了——算不算是排擠我也不確定，畢竟時間久了，記憶也有點薄弱了，總之，她會被圈子裡的其他人嘲笑——她的功課比較好，平常也比較少和我們玩在一起。她有一些特殊的小動作，孩子王會帶頭模仿她的動作，嘲笑她。我那時候什麼都不懂，他們笑，我也一起跟著笑，完全沒有罪惡感。

但是到了五年級，我變成被笑的那個人了。他們會故意在我面前講台語，那是我不懂的語言。但我知道他們在說我，因為我聽得懂台語的「二十九號」，我當時的座號就是二十九號。我不認為他們是因為我不懂台語而排擠我，而相反，他們是為了排擠我、孤立我刻意改用台語。這段往事變成我的致命傷，每當我感覺到有人因為不明原因在背後批評我，這段回憶就會襲捲而來，挾帶出我深深的自卑感。每當想起這段往事，我總是久久無法釋懷。

因為我也曾是團體中嘲笑別人的一員，當位置轉換，我成了被嘲笑者時，我不知該如何面對，也不敢告訴別人：我被排擠了。當時的我，覺得一定要裝作沒事，裝作我仍然是團體中的一員，仍然跟他們在一起。團體外的人沒注意到我和他們的關係發生了變化，以為我和他們還是一個圈子。只有我知道自己的處境，而默默在心裡亂猜：如果先前那個女生被模仿、被嘲笑，是因為她的一些小動作，那我是不是也因為小動作被討厭？像是咬嘴唇啊、咬指甲那種？或是那時我不喜歡洗頭，頭髮比較油？我開始懷疑自己，在自己身上尋找我被排擠的理由。現在想起來，那是一種很扭曲的心態，覺得被嘲笑都是我自己的問題。但在我當時的認知裡，那些嘲笑我的人不可能有問題，因為他們一直以來都是比較受歡迎的人。有問題的只可能是我，不會是他們。

在那段期間，他們應該也有排擠過其他人。而當時的我，即使知道，也沒有幫被排擠的人說話。照理說來，我們同樣被笑、被排斥，應該要站在同一邊。但我的自尊心很強，不想讓別人發現我不屬於那個群體了。

於是我終於迎來了人生最難受的畢業旅行。平常在班上，還不至於非有同伴不可，但是畢業旅行要分組，同組還得睡在同一張床上。雖然被排擠，但我還是很想跟他們睡同一間，硬是要湊進去。現在想起來實在很可悲，一張床明明可以睡上好幾個小朋友，卻沒有人想要跟我睡同一張床。

事情就維持這個樣子，直到我從小學畢業了。我帶著這樣的記憶，離開了學校。此後每換一個新環境，我都會很害怕交不到朋友。「避免被排擠，找到認同的歸屬群體」，成為我人生很重要的一個議題。

後來，二〇一八年，我參與公視與國家電影中心合作的「時光台灣」企劃，運用國影中心典藏的檔案影像，製作了一集二十四分鐘的紀錄短片——《不曾消失的台灣省》。我穿插剪接宋楚瑜當省長時的政令宣導影片，和一些台語老電影的片段，從省籍的角度，回顧了這段童年經驗，也回頭省思自己這些年拍攝有關政治認同紀錄片的動機。當我和製片廷儀聊到這段往事，她覺得從客觀角度分析，五、六年級正是月經來潮的發育期，人是敏感而容易自卑的，因為不知道自己怎麼了。而且我發育得早，可能會擔心異性怎麼看我，在這種時候被排擠，會傷得更重。

但另一方面，她也覺得我這段童年的經驗和情緒，從時代上來看，正和許多外省人從國民黨牢牢掌握權力的時代，過渡到必須面對本土勢力崛起，期間所經歷的存在危機、與失去安全的感受，有些相似、重合之處。

廷儀的分析，乍聽之下可能有點後見之明，但也不是完全沒有道理。就如同前面說的，我雖然不認為自己是因為聽不懂台語而被排擠，但在排擠我的人眼中，我不會講台語，卻是事實。這個事實，正給了他們一種方便，可以在我的面前，用我聽不懂的話嘲笑我。而聽不懂、被嘲笑的經驗，也確實對我造成了恐懼。當時，正是九〇年代初期。同樣的情況，是不是正廣泛發生在外省族群的身上呢？

我還記得自己在年紀更小的時候，大約一、二年級左右，是很受老師喜愛的孩子，在學校名列前茅。我也還記得，小時候常被老師誇獎。老師說我書法寫得好，派我去參加比賽，儘管我自己並不覺得特別好。三、四年級的情況也類似，甚至還算是班上的風雲人物。到了五、六年級，轉學之後，卻忽然在新班級中被排擠。我不但無法適應，更不敢告訴別人。因為自己曾經被肯定、被喜愛過，骨子裡是驕傲的。

這樣想來，雖然嚴格來說，我不是外省人，只是出身於「非本省」的家庭，但我的成長歷程，或許也經歷了一段類似於外省族群的光榮與失落。九〇年代初，在我為在學校被排擠而自卑，聽不懂別人用台語對我嘲笑的時候，也正是趙少康高昂地喊著「台灣就要毀滅」，打著他的「中華民國保衛戰」的時候。

當時，「政治」還是一個我完全不了解的世界。我也從來沒想過，政治會和我後來的人生產生關聯。

# 我的存在感保衛戰

九〇年代，台灣走過一段族群權力關係消長的歷史，而我，走過一段自卑與自尊交纏的童年。那段經驗，似乎對我的性格產生了滿大的影響。

最大的影響或許就是：我極度討厭被人瞧不起的感覺。雖然討厭這種感覺，但又經常感到，別人對我的看法與我所想的不同，兩者之間存在一段認知的落差。明明我對很多事情有想法、想要說出來，卻又感到自己很容易被別人看扁。這段內外認知的差距，在學校的時候影響還不算明顯，出了社會之後則是三不五時就冒出頭來，已經是生活中的常態。一方面我是女生，一方面外型上氣場不強，常有人說看不出來我幾歲，這在職場上完全不能算是優點。經常我到了拍攝現場，有人問：「導演在哪？」我說我就是，對方可能就會回答：「導演這麼年輕喔？」眼神裡透露出對我的不信任。

我在團體裡也不是個很有存在感的人，無論是當助理或副導，多數人可能不是很在意我，因為我不是那種第一眼會讓人留下印象的人。矛盾的是，我有時候覺得這樣很好，但另一些時候也會為此感到失落與難過。我不太想刻意刷存在感，或是經營自己的形象，或許因為骨子裡有一種驕傲，覺得自己不需要如此。但，對那些因為我的外表，或他們個人的偏見，而輕易對我做出價值判斷、看不起我的人，我還是會特別想要證明自己，想要讓他們知道：你錯看我了。

這樣的心情，無論在哪一個人生階段，都經常浮現在我的心頭。儘管現在，我的作品已經受到了一些肯定，我還是很容易糾結於否定我作品的影評。尤其是當我看到評論中對我有誤解的時候，我會特別不服氣。我也會擔心，當誤解流傳得越來越廣，是不是暗中受到影響的人越來越多，真正的我就這樣逐漸被誤解淹沒，不復存在。看看那些誤解我、否定的人，他們看起來總是特別有自信，對自己提出的主張一點都不懷疑。是否人們終究只會去聽那誤解我的一方，而不會在意我真實的想法？

這時，在我心中，那個其實可能是有被迫害妄想症的我，就會建立起防衛的機制，我會開始揣測：對方究竟為什麼對我充滿敵意？我會下意識地把可能性歸結成：因為我不屬於他們那個團體，然後心中又暗自許下願望，希望未來有一天，我能夠被接納。

或許，我所有的努力，就是在這種不想被誤解、不想被排擠，希望找回自己單純存在感的狀態下，迸發出來的。

或許，許多人會覺得，「台灣」在國際上也是這樣，我們都有這樣的願望。

# 第二章　電視計畫了我們的人生

## 我不是仗義執言的人

有了小學那段被排擠的經驗，國中開始，遇到可能可以成為朋友的人，我都會設法找到彼此間共同的興趣，極力拉攏。當時我已經改掉所有自認為的壞習慣，不咬嘴唇，不咬指甲，也還真的就交到朋友了。所以我便暗自認定會被排擠都是因為過往那些壞習慣。這種心態影響我很深，即使到現在，我還是經常擔心、檢視自己是不是有些舉動看起來很討厭。

我在國中時候的好朋友是一行四個人，有點特別的是，其中一位是我的小學同學。印象中，她應該也有和別人一起排擠過我，或至少是當時沒有伸出援手。但是到了國中我們竟然變成朋友，而且交情很好。國小受排擠的事情讓我心裡有點創傷，所以我一直不敢向她求證，為什麼以前她們要這樣子對我。我怕問了會傷害現在得來不易的友誼。

排擠無所不在，也沒有原因，就像玩大風吹，總有人要當鬼。國中的時候我不是「鬼」了，卻眼睜睜看著班上一個女生被一群男生排擠。我沒有參與其中，但也不敢伸張正義。我想我應該是一個膽小的人，更不是仗義執言的人。讓我印象深刻的是，那個女生喜歡布袋戲——這在同學裡面滿特別的——她是因為喜歡布袋戲而被排擠嗎？我不確定。但是在記憶中，我把她被排擠與喜歡布袋戲連結在一起，可能也顯示了我當時對於布袋戲有些偏見。

高中的時候，大小S主持的綜藝節目《娛樂百分百》非常紅，那時我很喜歡小S，覺得她講話很好笑。有一次她們在節目上嘲笑布袋戲，說布袋戲有什麼好看，她們痛恨布袋戲，進電影院看布袋戲的人都是神經病，云云。我也跟著覺得看布袋戲是很奇怪的事。大小S的發言在當時引起軒然大波，喜愛「霹靂布袋戲」的粉絲對她們發起了杯葛。大小S或許都沒料到，當時喜愛布袋戲的年輕人有那麼多，都是活生生的人，都準備要進電影院看布袋戲。

我現在回頭看，當然已經不會覺得看布袋戲奇怪，也不覺得小S好笑了。而會認為當時她說的話，是一種自以為是的偏見，而且就那樣在大眾媒體上說出來，透過電視傳播影響到大眾，實在不是一件好事。但我也不想把她妖魔化。後來，我拍攝紀錄片，開始一連串的自我反思，我意識到她會這樣想，可能也是因為她的成長背景。在她的環境之中，會接收到的訊息就是如此，使她們以自己圈子的標準，自居「主流」、「正常」，而無法反省到圈子外和自己不同的人，他們的存在也應該受到尊重，以及察覺到自己說的話中，已經包含著對他人的歧視。我們往往看不見自己的偏見，這和身分、背景、經歷都有關係。我想，國中時那個喜愛布袋戲的女生，是不是也是這種偏見的受害者？

偏見經常是透明、無形的。當我被排擠的時候，我看不到是什麼價值觀、什麼樣的社會偏見在背後運作，使我的朋友把我劃到被嘲笑的那一邊。那個喜愛布袋戲的女孩也是一樣，究竟是誰有權、以及用什麼標準，決定她應該被排擠？當事人往往也說不出來。希望我們能夠透過各種方式，讓偏見的形狀顯露出來，讓更多人理解歧視、排擠，所造成的傷害。

這是為什麼我後來要拍《不曾消失的台灣省》——我希望我自己、或是那位看布袋戲的女孩，這些人能被意識到，他們是因為族群或階級原因而蒙受傷害的人。甚至到了我這一代，傷害都還存在。

## 唯無哈黨

電視計畫了我們的人生。大概從國中起，我開始喜歡看娛樂新聞，喜歡偶像，熱愛歌星。國中畢業的時候，除了學校統一印製的紀念冊外，同學間還流行自己準備小本子，和朋友交換填寫。我的本子裡都被好朋友們貼滿了偶像的圖片。而且我不只迷戀單一偶像，是同時喜歡好多個。最早因為看了《九尾狐與飛天貓》而喜歡林志穎，又有段時間喜歡陳曉東，後來看了《鐵達尼號》喜歡李奧納多，女星則喜歡梁詠琪和孫燕姿。因此我的畢業紀念冊裡面充斥著這些明星。回想起那段記憶，覺得當時的自己實在很糗。我也一度以為自己崇拜偶像的青春期在那個時候就結束了。殊不知，或許正因為當時並沒有機會深刻反省，對於這些偶像明星的崇拜，究竟是投射了哪些方面的嚮往，才會讓接下來的自己，一次又一次地把自己的期待投射在不同對象身上而不自知。

就在這個階段，政治人物也開始出現在我的認知裡。一九九六年，台灣舉行了歷史上第一次總統直選。這是在一九八七年解嚴之後，台灣民主化運動所達成的一個重要的里程碑。現在，總統直選已經是台灣政治制度的一部分了，我們覺得理所當然，把它當作像呼吸空氣一樣自然，幾乎忘了在九〇年代之初，這個制度還在未定之天。當時，總統是由間接選舉、還是直接選舉產生，曾經有過激烈的政爭。最後是在一九九四年七月完成修憲，確定總統由人民直選。我們這一代，中學時期就是台灣政治走出威權，想要進入民主，但還在建立規則的時候。也是從這個時期開始，政治新聞變得非常熱鬧，佔據了許多人生活中的注意力。

政治人物也變成大家關注的對象。我對九六年第一次總統大選中政治人物的記憶不深，只記得常常聽到的有「李連配」（李登輝、連戰）和「林郝配」（林洋港、郝伯村）。硬要說的話，「林郝配」給我留下的印象更深刻一點，因為諧音很像「您好」。但到了一九九八年，陳水扁和馬英九競選台北市長的時候，我已經開始有立場了。

當時我對於美型的明星比較容易有好感，也是因為長相而選擇崇拜的明星；我把同樣的概念套用到政治人物上，對於有人像崇拜明星一樣喜歡陳水扁感到非常不能理解，為什麼有人要喜歡一個長得不帥的明星？

我爸媽也很理所當然地表現出對馬英九的偏好，在家裡我爸都叫馬英九「小馬哥」，但到底為什麼我們家那麼喜歡小馬哥，我當時也不知道原因，可能是我爸媽對陳水扁在電視上的表現有不好的印象。而和家人站同一陣線，同聲一氣，更加深了我對馬英九的支持，所以當時我對於自己沒有投票權，還感到很遺憾呢。

進了高中，能不能交到朋友依然是我最在意的事情。很幸運地，我遇到了一群感情很好的朋友，大概五、六個人。其實這群朋友的個性比較外放和我不一樣，最明顯的例子，是我們之中有位朋友是性向偏向「T」的女生，總是頂著平頭，有天大家起鬨約定：「一起來剃平頭吧！」我雖然為難，卻也硬著頭皮剃了。雖然許多方面我們是不同的，我們依然成了朋友。我很喜歡和她們一起行動，自然而然就形成了一個小團體，一直維繫到今天。有趣的是，我後來才發現，我和她們的感情可以這麼好，也可能和政治認同有關——我在當下都沒有意識到——現在回想起來才發現，這群朋友的意識型態和家庭背景應該是比較接近的。

不知道是不是受到那個時代政治熱潮的影響，「政黨」竟然也進入我們的遊戲之中。當時我們玩鬧式地組了一個黨，說起我們取的黨名，實在太蠢，但這就是青春吧。我和其中一位同學，跑去錄影帶店參考了一些電影的名字，撈出了唯我、無敵、哈拉一類的詞彙，湊成一個「唯我無敵哈拉黨」，簡稱「唯無哈黨」。我們有自己的黨訓，還得用山東腔唸：「同志們！我們要光復！」我們甚至製作自己的黨誌。雖然都只是玩笑，帶有嘲諷的意味，但當初為什麼這樣寫呢？這和其中一位「同志」的家庭背景很有關係，她經常學她爸爸用山東腔講話。我們也不是真的在談政治，我甚至一直不知道他們每個人真正的政治傾向，除了一位同學說過她喜歡宋楚瑜。如果不是家裡有外省族群背景的話，不可能寫出這樣的黨訓，我當時不覺得奇怪，也沒有格格不入的感覺。

我的「唯無哈黨」好友之中，有兩位經常是中性打扮。當時我沒有意識到她們是同志，我們所有人都很自然的相處在一起。我後來才知道，她們曾經很認真地討論過，是否要對我們其他人出櫃，還是不要特別提起？總之，後來我們也都知道了。台灣通過同婚法案後，她們也能夠組織家庭。這讓我覺得很高興。希望台灣以後都不再會有人需要擔心，是否要對好朋友出櫃、出櫃後感情是不是會被影響，會不會被排擠。

另一件讓我印象深刻的事，是學校有位學姊很潮，長得又漂亮，我經常默默羨慕她。不過她的書包上會掛阿扁的徽章，而且還戴扁帽。這對我來說很不可思議，畢竟阿扁在我們家一直被罵。只是當時的我還沒有興趣去理解，或者應該說，當時我對立場和我不一樣的人無感，因此僅僅是困惑，沒有再深究。

## 兩千年上大學遇到政黨輪替

通常，當有人問我為什麼大學會想讀政大廣電系，我都會說，因為我喜歡看電視。但是如果真要仔細分析，有三個原因。

第一個原因，的確是因為我是電視兒童，好像除此之外沒有更有趣的事情了。我沒有受家人影響而選讀外文系、中文系或其他人文科系。後來回想起來覺得比較可惜的是，那時候不曉得有社會系——當然，進了大學後，也選修過社會學，老師沒有引起我的興趣，直到研究所後開始接觸，才覺得相見恨晚——要是以前知道的話，我可能就去考社會系了。後來我也想過要去考社會所的博士班，但是領域跨度稍大，縱使知道社會學的博班可能願意收不同領域的學生，我還是對自己缺乏信心。這可能是我比較晚熟的地方。尤其是當我在拍攝《藍綠對話實驗室》的時候，因為陳為廷在清華大學人社系上課，我也跟著去旁聽他修的課。當時我受到了刺激，心裡想：哇，他從一到四年級有這樣按部就班的知識訓練，研究所亦復如是，那些必須透過慢慢累積，才能鑲嵌在身體裡的知識基礎，我都沒有。我也想過去找那些必讀的社會學書籍來看，可是實在太多，我還有別的工作要忙，讀不了那麼多。所以當面臨考博士班的選擇時，一條路是改讀社會學，另一條是去考台南藝術大學藝術創作理論博士班。但考量到後者跟我的原本的領域比較有承接，而選擇了考南藝大。可惜沒有上，但這是後話了。

大學選廣電系的另一個原因，是我一個要好的同學想要去考廣電系，她在推甄的時候沒有錄取。我的學測成績沒有那麼好，所以我沒去推甄。看著她一路準備推甄失敗，再接著準備考試，我不免好奇，這系真的有那麼好？所以認真研究了一番。

還有一個原因，說起來好像有點天真，因為陶晶瑩是政大傳播學院的畢業生，她曾經說過很欣賞政大廣電系的郭力昕老師，我印象很深刻。我當時真的很愛看電視，因為陶晶瑩這樣說過，這個系所就變得對我很有吸引力，所以興起了報考的念頭。

當然，它的分數要求也滿高的。所以我盲目地立定了這個志向，並暗下決心：既然我想上這個系，我一定要把分數考到比它的門檻高很多，這樣才能篤定地被錄取進廣電系。

對於這點我滿自豪的，因為後來我真的考得很高分。我一直到高二以前的成績都很爛，很多科目不及格。為了考這個科系，還去報名了補習全科班。最後我的成績已經可以考到台大外文系了，但還是很自豪地把廣電系填在第一格，外文系填在第二格，當然也就順利錄取了。

那一年是西元兩千年，代表民進黨參選的陳水扁和呂秀蓮當選了正副總統，台灣第一次政黨輪替。這次選舉我就很有印象了。

## 入戲的觀眾

當年，我依然還沒有投票權。在班上，同學間偶爾會聊到家裡的人要投給誰的問題。一位在團體裡面比較有主見的同學率先說出自己支持宋楚瑜，一直不太敢直接發表意見的我，這時才敢接著說我也是。至於當時我為什麼喜歡宋楚瑜，跟爸媽的政黨傾向有絕對的關係。

自我有印象以來，我們家的電視幾乎都停在新聞台，而且一定是「TVBS」或「中天」，也就是普遍印象中比較「偏藍」的電視台。耳濡目染之下，我很自然就接受新聞的立場。我爸媽是從東南亞來到台灣的華僑。媽媽小學時已經在台灣讀書，受的教育自然是國民黨執政下的價值觀。爸爸在馬來西亞讀華僑中學，所讀的課本、傳遞的價值觀應該也與當時的台灣相近。對當時的他們而言，來到台灣，是一個「愛國」的選擇。在他們的認知當中，「中華民國」是祖國，「中華人民共和國」是需要被三民主義統一的。這是他們的史觀。他們認為國民黨是正統，而總是發出反對聲音的民進黨，則是社會亂源。

在那段時間，核四廠興建與否是台灣社會爭論不休的話題，不僅牽動著那場選舉的選情，甚至延伸到選後。後來，為了停建核四，陳水扁總統還換掉了僅任命一百三十九天的國民黨籍、軍人背景的行政院長唐飛，國、親、新三黨更在立法院提出總統罷免案。

高中有一位地理老師，我和同學都很尊敬她。在接近總統選舉期間，地理課本剛好上到核能發電的議題，現在回想起來，不知道那位老師有沒有自己的政治傾向、是不是有意灌輸我們特定的觀念。我記得她說：如果不是因為人為疏失，其實核電是很安全的。老師說的這個觀念深植我心，所以後來在電視上看到有候選人發表關於核四的言論，我都不知道他們為什麼不想建核四？例如呂秀蓮說台灣的電還夠用七年，所以還有很多時間可以尋找替代方案；另一方面又看到宋楚瑜表態，說從長遠來看，核電是必須的。那時候我想，既然不是人為疏失就很安全，為什麼要短視近利，因為還能撐七年就不蓋核四？我當時完全沒有嘗試理解另外一面的資訊，也不會想到：雖然沒有人為疏失就很安全，但也不代表零風險？我也不曉得興建核四廠比較受益的是工業用電，而不是民生用電。我還沒有辦法很全面地接收資訊，就自以為是地下了判斷。

總而言之，我就這樣跟著父母一起支持宋楚瑜。後來，當宋楚瑜因競爭國民黨候選人資格失利，要另組親民黨，我爸還興沖沖地說要加入。事後證明他根本沒去，只是說說而已。這或許也顯示了我們家這種選民的間歇性熱情吧。那時候雖然很失望，但是過幾天也就不怎麼生氣或難過了。當時的我可能就像在看各種球賽一樣，一定要有支持的球員或隊伍，看球賽才會有參與感，而且對對手也要找到一些仇視他們的原因，整個過程才能更入戲，不然就好像平平淡淡地看過去，枉費了四年一次的大盛事一樣。

## 深入敵營

對於民進黨，我還真想不起來當時我為什麼這麼不希望他們贏，我對民進黨的印象是斷裂的，從未了解、認同、繼承他們在黨外時期的種種作為與歷史經驗，所以容易片面地討厭它。當民進黨已經是我心中認定的「異己」或「敵方」，在這個基礎上，就算有接收到它的理想主義，或曾為台灣民主犧牲奮鬥的一面，也容易覺得「那是過去的它」，而依然無法認同他們現下的作為。

對政壇盛事的投入程度，是會隨著政局變化的。在我印象中，兩千年以前，家人對民進黨頂多停留在一種比較不喜歡的程度。陳水扁成為總統之後，在媒體上的曝光變得更高了，當新聞播出他「亂發言」的畫面，我爸就會對著電視罵。到底罵些什麼，我也不記得了。而且陳水扁常用台語演講，我們家除了爸爸比較容易接觸講台語的人之外，其他人都不太懂台語，曾經有段時間我和妹妹甚至還會覺得用台語講話很「俗」（sông）。這倒不見得是把「流行和台北」、「俗和中南部」劃上等號，「俗」是那時候的流行語，這流行語的背後，只是我們很不經反思地自以為比較有「sense」而已。

倒是媽媽有段很勤練台語的時期，以前第四台有卡拉OK頻道，她就常常打電話進去唱歌，還會用錄影機錄下來。後來這種節目幾乎從電視上消失了，她還轉戰地下電台。我記得我們那時候問她，妳不是聽不太懂他們說的話嗎？為什麼要打進地下電台唱歌？她說這是要「深入敵營」。那時候電台裡還真有些聽眾很欣賞我媽唱歌，我媽對地下電台的印象也滿好的，透過這個管道還交到一些朋友。或許，那個時候我媽比我們還更想了解「異己」也說不定。

## 青春・政治三部曲——前傳《不曾消失的台灣省》

二〇一八年，公共電視台與國家電影中心合作了一個「時光台灣」計畫，邀請十四位導演運用國家電影中心典藏的影像檔案進行短片創作，並於二〇一八年台灣國際紀錄片影展首映、公共電視台播映。傅榆的《不曾消失的台灣省》就是「時光台灣」計畫的成果之一。片長約二十五分鐘，影片主要透過三種影像穿插剪輯而成：

其一，是台灣省政府的政令宣傳影片，內容包括：一九五七年台灣省政府遷入南投中興新村、蔣介石前往視察；一九七〇年第六屆全國國語文競賽舉行、省政府教育廳長潘振球期勉人人說國語；一九九三年宋楚瑜接任台灣省政府主席、宣傳其上山下海勤政愛民的影像。

其二，是台語老電影《黃帝子孫》《王哥柳哥007》《再見台北》等劇情片的片段。

其三，是傅榆本人現身説法，她面對著鏡頭，與「畫外音」問答，加上前述兩種影像的蒙太奇剪接，順著「台語之外」、「台北之外」、「台灣省之外」、「國民黨之外」等主題，解構著她自身的台灣認同焦慮。

傅榆以自己小時候聽不懂台語，在學校曾被同學以台語嘲笑、排擠的經驗出發，回顧自己成長過程中，積極尋求同儕認同，卻遭遇被排除感的心路歷程。她梳理出她曾經將自己「不會説台語」、「台北人的身份」，與自己在政治立場上對國民黨的支持，相互連結在一起，由於自己沒有和本省人同樣的經驗，而感到自己「就像國民黨一樣被他們排斥在外」。然而當她透過了解歷史，認識到白色恐怖時期，國民黨的迫害對象不只本省人，而是所有反抗他們的人，本地、外來的差異才在她的心中逐漸瓦解。

和傅榆的自述形成對照的，是由檔案影像串接而成的敘事軸線，運用歷史的吉光片羽，拼湊出一段台灣省被建構、台灣認同被貶抑的過程。透過檔案影像，我們會看到政府正面宣傳省政府成立、大力推行國語的歷史片段，也能從台語老電影片段中看見黨國教育建構大中華意識形態的時代氣氛。傅榆選擇穿插在其中的老電影片段也都和這個主題有關係。例如電影《黃帝子孫》的一個片段，老師問全班同學「咱是誰人的子孫？」林瑞華因答不出標準答案「黃帝的子孫」，甚至講出「我是我阿公的子孫」，引來全班同學的嘲笑。在後來的片段中，林瑞華、許德智兩位同學打起架來，經同學向老師釐清過程，原來是林瑞華說許德智是外省人、許德智罵林瑞華是台灣人，兩個人因而起了爭執、大打出手。老師在明白狀況後，立即指責林瑞華的「地方觀念很重」——傅榆以這些片段與自己被同學用台語排擠的經歷互相對照、互為隱喻。

經此對照，本片似乎直指本／外省的劃分並非自然產生，而是在黨國體制下，一個群體對另一個群體貶抑與嘲笑，長久累積下來的結果。因此，真正需要檢討的並不是排擠她的、說台語的群體，而是造成這種劃分的政治體制。唯有突破歷史與政治的迷障，才能得到認同問題最根本的解答。本片最後在畫外音的提問下，直逼認同問題核心：「妳到底要大家認同妳什麼？」傅榆沉思許久，無法回答；影像切回《黃帝子孫》中林瑞華、許德智打架的片段後，傅榆才以哽咽的聲音說出：「我可能就是想要得到這些不認同我的人的認同，我跟他們的確不一樣，那我也覺得這是屬於我的價值啊。」

# 第三章　原來紀錄片可以這樣哦？

## 我的紀錄片啟蒙

幾乎在人生的每個階段，都有一個影響我很深的老師，不管是學問上的，或是其他方面的影響。這可能體現了我比較容易服從權威的一面，但很長一段時間自己都沒有發現。我對這件事的另一個體悟是，會被我視為偶像的「老師」，都是特別具有批判性的人。也許正因為我本身不是這樣的人，反而非常嚮往擁有這種氣質。

我大學時候的偶像是郭力昕老師，我很欣賞他的批判性。他上課的內容和方式很前衛，會讓我不斷開啟不同的視野。例如他在「視覺文化與批評」的課堂上播放A片給我們看，分析A片的產製方式，以及背後展現的父權文化。他也曾在其他課程中，讓我們用另一種視角來看九一一事件。過去我們直覺地認為賓拉登這些人既可怕又可惡，但要是認真分析我們接受到的資訊，會發現我們受美國觀點的影響比較深，而美國其實有它不好的地方。又譬如說，他要我們看何春蕤的《豪爽女人》，嘗試去解構性別方面的議題。每一次都提供一些書單或文章，促使我們看透事物的表面來思考。

他喜歡學生和他平起平坐，這可能啟發了我重視平等的觀念。他常說你們畢業以後就不要叫我老師囉，請叫我力昕。我超級不習慣，很難改口。畢業以後，我們有時候會約吃飯，我才覺得真的可以比較像朋友。

但是真正啟蒙我接觸紀錄片的老師並不是郭力昕，而是盧非易老師。

他在課堂上播放的紀錄片類型很多元。我聽過一些前輩、朋友的經驗，他們修讀紀錄片課程時，在課堂上看到的往往是農漁業發展史一類的片子，相對而言比較無聊，也會讓他們覺得紀錄片容易流於說教，太過有使命感。但盧非易老師的課堂不是，他讓我們看的紀錄片廣含各種形式，像是一九二九年荷蘭導演伊文斯（Joris Ivens）拍攝的《雨》，那是一部很有詩意的紀錄片，他拍攝城市下雨的景色，並搭配背景音樂，讓整部紀錄片看起來宛如古典版的MV；他也讓我們看周美玲導演的《私角落》，片中有的畫面是透過擺拍一些玩偶來呈現，別有意趣。因為我那時候對紀錄片完全不認識，看到這段影片覺得很特別，心想：原來紀錄片可以這樣哦？

更特別的是一部學長姐們的畢業製作《網事追憶錄》，那是一部偽紀錄片，內容是在講述一個女學生看似被偷窺狂跟蹤，各種手法都讓人以為是紀錄片，例如訪談、跟拍主角、翻拍電腦畫面，甚至等待偷拍偷窺狂。我們看到最後很驚訝，原來這是虛構的，根本不是真實的紀錄！心裡充滿震撼。因為開了眼界，我突然覺得紀錄片好像還有很多被創作的可能性，甚至比劇情片還多。特別是拍紀錄片，比較沒有技術上的限制。相對之下，劇情片的門檻高多了。如果你要營造一個很真實的情境，需要進行很多的考究，場面調度、演員指導更是深奧的學問。但當時廣電系的訓練比較無法專精在這些方面，所以我們每回拍出來的劇情片都顯得很假。一旦有造作的感覺，就不會是好片了。作品好不好，一參加比賽，落差立現，我意識到那時的自己可能做不好劇情片。

但是我好像可以做紀錄片，因為它的可能性很寬廣，技術門檻又比較低。於是我興起以紀錄片為媒介進行創作的意圖。如果要追溯我創作的源頭，或許可以追到更早以前——我在修習基礎攝影和進階攝影的時候，就經常不只想拍單張照片，而會去構思如何串連組織幾張照片，呈現一個特定的主題。

例如，我做過一個關於「夢」的作品，有點像是在做裝置藝術。我以前是一個容易失眠的人，我一直執著想找到自己入睡的那個「點」，但這根本是不可能的。如果你一直想找到那個點，你就會睡不著。所以我做了一個作品：用四張失焦程度不等的照片，呈現出一張比一張模糊的感覺。但我一直想要找到那個點，不知道怎麼呈現。後來和老師、同學討論過後，老師說，這其實可以做成一個循環，而且妳可以思考，如果要讓觀眾看看妳睡不著的腦袋，那麼希望這個照片是面向外面迴圈，還是面向裡面迴圈？我後來選擇向內的，我想讓大家走進我的腦子。這其實就是一種流動影像創作，試著用各種圖像媒介線性排列來表達我的感覺和想法。但那時候，我還沒找到最適合的創作方式。

直到某次因為執行紀錄片課程的學期作業，我才發現自己對紀錄片比較嚮往——我和同學選擇拍攝一個和我們一樣大二的女生。雖然她的年紀與我們差不多，但已經結婚懷孕，挺了個大肚子在校園裡走來走去。在學期間就結婚懷孕對我們這一輩而言非常少見，所以也讓我們感到很好奇，於是選擇拍她。我第一次意識到，透過拍攝影片來認識和自己不同世界的人，原來這麼吸引人。因為我比較內向，所以自己的生活圈總是相對狹小，但拍攝紀錄片的經驗讓我感覺到，即使像我這樣並不大方活潑的人，都可能因為躲在攝影機後面，而自然進入到他人的真實生活，我的世界觀可以因此擴大。當然，那時還沒意識到，自己帶著這樣的動機隱藏在攝影機背後，其實可能是有紀錄片倫理上的疑慮。

某次遇到畢業後去國立台南藝術大學音像研究所就讀的學長，促成我去考這所學校。那時他回來探望老師，我恰好在場，我看到他變得比較憤世嫉俗，神態上竟有幾分郭力昕老師的味道，這讓我開始嚮往這間研究所。事實上，如果對紀錄片有興趣，在台灣也真的只有這間研究所可選。

我問他覺得這個所怎麼樣？

他只回說：「不錯啊。但是很偏僻，在山上，在田邊。」

我心想沒關係，這樣就可以在那邊專心創作。

## 不碰政治的台灣紀錄片文化

為了報考南藝大音像紀錄研究所，我開始寫作我的學習計畫書。我蒐集了和紀錄片相關的書籍和文章，看到了郭力昕老師的名篇〈不碰政治的台灣紀錄片文化：「台灣國際紀錄片雙年展」的啟發〉——這篇文章發表於二〇〇四年十二月十一日的《聯合報》副刊上。郭力昕文中指出，台灣早已離開了言論檢查或政治危險的社會環境，但年輕紀錄片工作者卻普遍畏懼政治題目。他所談的政治並非廣義的，涉及性別、弱勢文化族群的政治，而是劍指最狹義的「現實性政治」與「台灣的政治現實」。他舉出國藝會自一九九七年以來「紀錄片製作」的案子，有三百多件申請、八十一件獲得補助，沒有一件是政治題材作品；台南藝術學院音像所（二〇〇四年八月才改名為國立台南藝術大學）自一九九七年成立以來的所有學生作品，沒有一部把主題鎖定在政治上。反觀國際上有許多政治情勢比台灣嚴峻的國家，反而能不畏禁播與流亡的命運，大膽地以攝影機進行紀錄與行動。台灣社會裡的紀錄者，有什麼理由要畏懼政治題目？

我在紀錄所的留言板上看到了這篇文章——以郭力昕老師對紀錄片專業的研究，

又是我的偶像，我當然一定會讀。但同時我也看到有人反駁，事情並不如老師所言，並舉出反證。曾經拍攝《暗夜哭聲》並獲得國藝會補助的洪維健導演，更曾去信指正，說他的作品就是在講述白色恐怖的政治題材。

郭力昕老師也很有風度地在報紙上刊登更正啟示，因為他所引述的國藝會資料裡，統計表中沒有「政治」一類的題材，而讓他忽略了「其他」類別中，可能隱藏的政治題材，所以他將原文「沒有一件是政治題材的作品」改為「沒有政治這個主題類別」，並且向讀者與洪導致歉。

現在重讀那篇文章，我依然覺得它是有道理的，台灣政治類的紀錄片確實沒有很多。雖然不是完全為零，但郭老師的確是點出了一個相對空白的地帶。我在當時就決定要以藍綠議題作為自己的畢業製作題目，對那時的我來說，政治幾乎等同於藍綠。郭老師可能不知道那篇文章對我影響這麼大，即使後來經常在各種場合遇到他，也慢慢可以像朋友一樣自在說話了，我還是沒有向他表明過。

## 他們輸了我一點都不難過

為什麼談起政治，我會立即將政治與藍綠劃上等號？那可能需要從大學時代說起。

大學時，我在政治立場上仍然是懵懵懂懂的藍，還不會去仔細區辨各種政治立場的差異與成因。我記得大二剛開始不久，有一次我和系上的同學聊天，剛好電視上在播陳水扁講話的新聞，我隨口蹦出一句：「陳水扁都沒做什麼事情，整天只會作秀。」那是我爸在家裡常常對著電視新聞說的話。後來我才知道，原來我們班很多人很綠，這樣講話無疑是找架吵。但我當時真的沒想過別人的政治傾向，只是像在家裡一樣，很自然地這麼說出口。

沒想到，我最好的朋友生氣地對我說：「妳怎麼可以說他什麼事情都沒做？妳知道他做過什麼事嗎？」

我當時真的嚇到了，很不想和她起衝突，但是又不想認輸——後來的事情我忘了，到底我有沒有直接講出「那妳說他到底做過什麼事啊」？我只記得旁人把我們拉開，從此以後不再討論這個話題。

這次事件之後，我再也不敢隨便向朋友講我對政治的看法。我開始知道這種情緒性的感想不適合和政治傾向不同的人面前說出口。因為想說這樣的話，無非是想要得到短暫的認同，抒發自己的情緒，但得到的反應卻可能不是認同，而是無可想像的衝突。之後我看新聞就不敢隨便發表我的感想了，直到有一次我和新認識的朋友一起吃飯，看到電視播放的政治新聞，對方先表明了自己的立場，我確認她和我都喜歡、討厭哪些人之後，才敢和她聊下去。我對自己這樣的心態感到很納悶，為什麼我需要這樣小心翼翼？好像只有立場相同的人，才可以「聊政治」？這樣的狀況讓我覺得政治是很令人討厭的領域，也一度認為民進黨的支持者都很難相處。

二〇〇四年總統大選，我終於有投票權了，但當時的候選人卻沒有一個是我想支持的。那年是民進黨和國民黨兩大黨的競爭，我因為討厭總統陳水扁，完全沒有考慮要投票給他；國民黨的總統候選人連戰也不太能激起我的興趣。我喜歡的是宋楚瑜，但他是副總統候選人，對我來說就沒有「非贏不可」的感覺了。在這樣的心情下投票，實在很空虛。

意外的是，投票前一天發生了三一九槍擊案。前往台南掃街的陳水扁和呂秀蓮車隊行經金華街時遭到槍擊，兇手共開兩槍，一顆子彈劃過總統陳水扁的腹部，另一顆子彈穿過汽車擋風玻璃打中副總統呂秀蓮的膝蓋。由於隔日選舉結果，陳水扁和呂秀蓮只以兩萬多票、得票率差距不到〇．三％勝出；事後警方雖然找到兇手，兇手卻已離奇死亡，始終沒有人曉得他真正的動機、是否受人指使。一時之間，各種陰謀論風聲四起。

子彈事件我並不是在第一時間就知道，選前之夜也不曉得政論節目都在爭論些什麼，只依稀記得當時有點擔心陳水扁又會當選。結果看到雙方選票差距竟然在三萬票以內，我受到政論節目和家人的影響，主觀認定這場選舉非常有問題。後來看到陳水扁和呂秀蓮在舞台上激動地說「天佑台灣」、「為台灣擋兩顆子彈」之類的話，頓時覺得非常噁心，也覺得三一九槍擊案真是太可疑了！雖然選前我沒那麼支持連戰，但選後看到這場選舉的混亂，票數差距小、廢票數很多，我也和其他投給泛藍的人一樣，感到輸得非常「不爽快」。我們家的人都非常憤慨。

開票當晚，連宋陣營提出了選舉無效之訴。選後大概一週，藍營舉辦了一個大遊行，那時候我爸媽難得跑去參加。我從來沒有想過他們會為這種事情出門。新聞不斷報導藍營在凱道的抗議，我心裡雖然憤慨，過了一兩天卻又恢復平常的生活，並沒有真的很關心這件事。不過基本上我是支持他們的，我認為有問題就要查清楚，最重要的就是要重新驗票。

在那段期間，我們系上的BBS（網路論壇）裡有位學長發了一篇文章，以一種看似中立的口吻批評上凱道抗議的人，後來整個版瀰漫著一股附和這種說法的氣氛，完全沒有另一種意見，我看得很不是滋味。當時系上的風氣，學弟妹是不大敢和學長姐起衝突的，但是隔天我和好朋友吃飯討論到這件事，我們越想越悶，很想讓大家知道，不是所有人都和他們想法一致。於是我寫了一篇文章表達不一樣的立場。當晚，立刻有另一位學長反駁我，引經據典證明我一點道理也沒有，行文間透露著鄙視，讓我覺得自己好像白癡，什麼都不懂就要和人家辯。當時我以為，真的是我太幼稚了，沒有人贊同我的想法。但後來竟有一位學長和幾位同學表達支持，但都是私底下寄信或傳MSN訊息，沒有人敢在BBS上和他們硬碰硬。最後那位支持我的學長發了一篇像是在當和事佬的文章，事情就這樣落幕了。但從此以後，我可以很明顯感覺到大家看我時的眼神不大一樣，好像認為我是個深藍支持者，是個完全支持國民黨的激進選民。助教看到我還說：「哎唷，藍的輸了也不要那麼難過嘛！」我當時只想跟大家說：他們輸了我一點也不難過。

我難過的是我沒有辦法自由地表達我的想法，說出了想法就要被嘲笑。而那些為民進黨說話的人，卻可以一副很中立的姿態，在言論佔上風。從那時候開始，我更討厭民進黨，連帶也討厭支持民進黨的人。大學時代的這些經歷，讓我原本對政治一直沒有好感，只有不滿，完全沒有動機去了解民進黨及其支持者。我對於國民黨的黑歷史也一無所知。後來修了一門郭力昕老師的課，才隱約知道國民黨曾經的專制壓迫，和民進黨曾經充滿理想的「黨外」時期。

現在回想起來，當時我雖然沒有更深入地去接觸政治，實際上，也已經在政治之中了。生活在台灣的我們，在九〇年代到兩千年代初期，幾乎人人都會被捲入政治的話題。當時，台灣才剛經歷最初的幾場總統直選，幾乎每個人都會有立場，而且都會看到他人的立場。突然之間，好像除了性別、年齡之外，我們又多了一種把人分類的方法，就是分成藍、綠兩個不同的群體。在學校、在日常生活裡的人際關係，已經很難迴避這樣的分類了。問題是，我們如何面對和自己不同類的人？這是不是就像我小時候經歷過的，那種令人不舒服的劃分小圈子呢？

憑著這些當時我還無法具體說出口的經驗，再加上受了郭力昕老師那篇文章的啟發，我就在申請研究所的學習計畫書裡寫：我要做政治相關的議題。於是，到了研究所畢業製作的時候，我拍了第一部討論台灣藍綠政治的紀錄片——《大家一起照鏡子》。

## 大家一起照鏡子

南藝大音像所的師資背景很多元，例如記者出身的蔡崇隆老師即是一例。蔡崇隆老師過去的拍攝經驗以報導為主，所以課堂上自然多半播放報導型的紀錄片。這類紀錄片的特色是關注特定社會議題，用紀錄片針砭時弊，或為特定群體發聲。

蔡崇隆老師很能接受學生與他辯論，不會執著單一、僵固的意見，也會認真聆聽我們的看法。我和同學意見不一樣的時候，他會在一旁聽我們的辯論，偶爾也會說出他的想法。他為我帶來不小的影響與啟發。

不過蔡崇隆老師當時是新進教師，我不能選他當畢業製作的指導老師。我在學的時候，南藝大音像所有三巨頭：專精於攝影藝術與紀錄片的張照堂老師、具有人文關懷長於報導攝影的關曉榮老師，與執著於電影修復及保存的井迎瑞老師，我們的畢製指導只能從三位裡面選擇一位。

多方考量後我選擇了井迎瑞老師，因為我很認同他的理念。他一直在嘗試做「行動研究」，並且倡導「去作者論」的觀念。過去大家都把紀錄片當成影像敘事的創作，每個人都想要當導演，成為一個出色的作者，於是作者成為紀錄片的重要元素。井迎瑞老師想要挑戰這個觀念，他覺得不見得要把拍紀錄片當成創作，它可能可以是一種「行動研究」的方法。這樣的話，紀錄片就不會只是在成就作者，而是可以透過它去研究一個議題——受到這個觀念的影響，我把論文名稱定為：「紀錄片做為研究方法：以《大家一起照鏡子》為例」。

井迎瑞老師的「行動研究」都是一群人或一個團隊，一起去做一件事情。他並不是透過剪接紀錄影像成就一個作品，而是在思考，如果拍攝到的內容有它各自的背景與脈絡，是不是有可能將它們整理成為一個資料庫？譬如說我拍《大家一起照鏡子》，要是用某種方式來整理我所拍攝的素材，這些素材其實可以被分門別類，不一定要串接成一個有敘事脈絡、有故事性的紀錄片，而是將它變成一個個相關議題的資料庫。如果你對這個議題有興趣，可以調閱資料庫，這裡面將保留所有紀錄片段，你可以自己去找到它們之間的關聯，甚至重新組織與詮釋。這也是一種對社會的貢獻。

當時我還不知道「行動研究」到底可以怎麼做。同學當中不少人對「行動研究」紀錄片並不看好。大家容易先入為主地以為，這樣的作品不好看、不知道要表達什麼。但我卻非常受到這個想法的吸引。我認為，我拍紀錄片並不是把它當成藝術品來經營。我原本的創作動機就是想透過紀錄片，去認識、研究一點什麼。這樣的作品也許真的不是很好看，但我可能可以從裡面找到一些邏輯。對我來說，這是一個能夠跳脫既有窠臼、發揮各種想像力的可能空間。通常作者論的電影，是大家先驗地接受的，不太會受到懷疑的。但是去作者論的作品，像是充滿顛覆性的異類，我很想知道這個異類可能會變成怎麼樣。

畢製確定要拍《大家一起照鏡子》的時間是二〇〇七年九月，再過半年就是總統大選。我打算拍攝我自己的家庭，和我同學曾也慎的家庭，讓雙方分別談論自己的政治立場，再以我的鏡頭為媒介，讓兩邊觀看彼此的拍攝帶，看看會碰出什麼火花。我會找上曾也慎，是因為有一次和同學在餐廳吃飯，正好聊到政治方面的問題。曾也慎向我表達了他的政治立場，也不避諱談這方面的事情，一問之下，他們全家都是深綠。由於我在入學前就已經決定要以政治議題作為我的畢業製作，在聽他講話的當下，我腦中就開始浮現靈感，想出了去訪問不同政治立場家庭的企劃雛形。題材一決定，我立刻聯絡他，開啟了後來的訪問。

井老師知道我想做這個片子，建議我不要只從藍綠的標籤來看，或直接從政黨傾向來切入，而是從「想要認識長輩過去的經歷」的角度來問他們。那時候他可能已經意識到，也是想要提示我：一個人的政黨傾向與個人的人生經歷有很大的關係。

我爸媽對國民黨有強烈的認同，一開始應該是因為他們華僑的成長背景。但會鞏固他們認同的原因，我認為是後來媒體激化了他們對民進黨的厭惡，他們有種感覺不被當成台灣人的被排斥感。這不只是我爸媽有這種感覺，我和我妹也是，例如媒體會不斷重複播放民進黨政治人物仇視外省族群的話語「外省豬滾回去」、「不認同台灣的人，太平洋沒有加蓋，可以游回去」等等，雖然我們不是外省人，不是這些話語直接指涉的對象，但是我們卻會對號入座，因為感覺到自己和說這些話的人不是同一個群體，我們是他們劃分出去的「異己」。

也慎家是客家人。當談到我爸媽看電視時，常會看到閩南族群對外省族群的謾罵，他們也表示不認同這樣的行為。但是也慎家經歷過的歷史，和我家不同。他們家經歷過耕者有其田，當時土地政策的變化，讓他們有家產一夕之間被國民黨剝奪的感受；並且也時有耳聞，親戚朋友在戒嚴時期因為不明原因被警察帶走，甚至殺害。這些都讓他們無法接受國民黨。然而這些經歷，對我的家人來說，卻非常陌生。

除了成長背景、親身的經歷影響到藍綠認同，兩家人的文化階級，也影響彼此的理解和溝通。在這當中，可以看得出國民黨推行過的國語運動，影響真的很深遠。我的爸媽接受的是國民黨史觀的教育，受到過去推行國語的政策氛圍影響，他們預設的立場是認為知識份子或政商名流都是說國語，國語說得清晰的人比較「有水準」。尤其他們一個是台大畢業，一個是師大畢業，這種優越感越發嚴重。當也慎的爸媽說起自己的學歷背景，因為家境的關係沒辦法讀到大學，我爸媽很容易就認為，他們說的歷史不可信，尤其是有關於國民黨在戒嚴時期的所作所為。

這兩家人各自的背景經歷，與他們彼此之間的互動，有多少代表性？在多大程度可以視為「外省／偏藍」、「本省／偏綠」兩種立場的縮影？我當然不能說是百分之百，但他們所表現出來的，也確實符合我們一般對這兩種標籤的刻板印象。

儘管兩家人在對話過程之中，從沒有真正建立起信任關係，但還是多少可以相互理解。例如也慎爸媽可以理解我爸媽因為感覺被排斥而不支持民進黨，而我爸媽也可以稍微理解也慎爸媽因為經歷的艱困，而討厭國民黨。真正的衝突，在二〇〇八年選舉結束之後，才發生。

二〇〇八年，馬英九當選了總統。也慎的爸媽對這個結果感覺非常失落，說出了一段批評馬英九的話：「馬英九會贏，都是婦女票的關係。」這句話激起了我媽的憤怒情緒：「這是把我們女生當白癡嗎？」當也慎的爸媽看到我媽說這句話也開始生氣。結果是兩家人不歡而散，我媽甚至認為我想讓藍綠對話這件事，一點意義都沒有。

這讓我非常沮喪，一度認為自己做錯事。現在回過頭看，我會比較正面地看待這個經驗。雖然，我的確沒有因此而改變這兩家人的任何看法，但是，有另一個變化已經發生。我發現，我自己改變了。我從一個受原生家庭影響，理所當然依附於家庭立場來做政治選擇的人，變成一個能夠意識到，原來還有其他相對立場的人。我開始鬆動了，從原來家庭複製給我的價值觀上鬆動開來。我變成一個有可能獨立思考政治這件事的人了。

## 質疑一個人的政治立場，就是在質疑他的人生

但在當時，我還沒有辦法那麼樂觀的看待這整件事，因為我的畢業製作被口試委員質疑了。

口考委員就是前述的三巨頭，加上新進一位專精社會學的蔡慶同老師。張照堂老師與關曉榮老師都讓我有一種被指責的感覺，他們認為我做這件事情失去了意義，不是本來要促進溝通嗎？怎麼到後來變成吵架了？

我記得關曉榮老師提到，他認為我對政治的認識太少，對族群的了解太刻板，所以才會讓本來良善的溝通企圖，演變成只能複製當時社會的爭議氛圍。他們都傾向批評我做這件事情，我的指導老師井迎瑞老師也沒有幫我，甚至說他有點後悔沒有阻止我把容易引起衝突的段落放進片子裡，才會變成這樣的結果。因為以他的經驗來說，那些內容的確就是會引發衝突與誤解。

但當時的我非常不服氣。我覺得，老師們說的話都是一種後見之明。我反駁說：如果我真是老師所說那樣飽含知識的人，對這一切都有答案，我就不會需要做這件事了。在我很沮喪的時候，蔡慶同老師安慰我：「當你質疑一個人的政治立場，你是在質

疑他的整個人生，或許這是為什麼上一代如此難以心平氣和地討論政治。」這句話深深刻入我的心裡，對我影響深遠。蔡慶同老師是社會學家，他看見作品的這個不同的角度，等於是提示了我：我所觸及的是一個非常巨大、也很艱難的問題，表面上看起來是政治的爭論，實際上是兩家人人生經驗的衝突。在口考的當下，蔡慶同老師的發言算是稍微幫我解圍。

印象中，看別的同學口考的時候，大家都滿怕頂撞老師的。我算是頂撞老師了，因為我對老師的說法實在不太服氣、不能理解老師們為什麼這樣講，於是我忍不住哭了。我的哭點真的很低，我也不喜歡自己每次都忍不住掉眼淚。因為很明顯地，當我哭了，大家的態度就會軟化，怕傷害到我，講話也會變得比較小心。哭泣好像被以為是一種手段。但我其實沒有要用眼淚為自己解圍的意思。

口考結束後，一位與我關係很好的同學半開玩笑地說：「欸，妳是怎麼哭的啊，哭的timing剛剛好，看看那個老關，本來大刀都準備出鞘了，看到妳哭馬上又收起來欸。」說得好像我哭得很有策略。但其實我只是感覺到老師們的意見像是一種權威逼近，我覺得有些委屈，而且有話想說，卻說不清楚，於是忍不住哭了。

我覺得自己一方面很聽老師的話，但是當老師變成一種有權威感的存在，我卻不會就此照單全收。雖然我知道，老師的知識與經驗都遠遠超過我許多，但是當我心裡的聲音、我對自己作品的認知，與這個權威告訴我的有所不同的時候，我會很想說明清楚，而無法輕易接受由權威來定義我、替我發言。雖然我哭了，並不是覺得失敗，其實往往是溝通不上的挫折感。

我就這樣從研究所畢業了，就這樣到了沒有老師的社會上。在社會上，我也還是會面對權威和我之間的關係、和我的想法能不能表達出來讓人理解的問題。我仍然經常在溝通時，淚點很低地哭出來。但是那些時刻，我在還是在努力嘗試，越過內心與外在世界微妙的差距；想要找到怎樣把我的感覺說得再清楚一點，讓人知道。

## 青春・政治首部曲——紀錄片《大家一起照鏡子》

本片是傅榆就讀台南藝術大學音像紀錄研究所的畢業製作，由井迎瑞老師指導，片長約六十五分鐘，由於是碩士畢業作品，因此除了影像成果，更留下詳實的書面報告〈紀錄片作為研究方法：以「大家一起照鏡子」為例〉。傅榆在大學時期即深受政大廣電系郭力昕老師的影響，並因閱讀郭力昕〈不碰政治的台灣紀錄片文化〉一文而有了拍攝「純政治」紀錄片的念頭。她在當時認為「不同政治傾向的人，除了完全相反對立的概念，其實內心裡的核心思想，還是有可能很類似的」，所以想實驗不同政治立場的人是否可能進行有效的「對話」？她並假設政治立場的形成和家庭背景有深刻關聯，故亦想實驗讓不同立場的人「看到與自己不同理由的形成過程」，是否能對消除對立有所幫助？

出於上述動機，傅榆選擇以自己立場偏藍的父母、以及同學曾也慎立場偏綠的父母作為對話實驗的對象。實驗方式是讓兩方家庭回顧自己的成長背景、表達自己的政治立場，再安排雙方觀看彼此的拍攝帶，進而對另一方面的意見表示看法。實驗分三階段，第一階段先確立目標，分別訪問雙方、剪輯成拍攝帶；第二階段讓雙方互相觀看拍攝帶、回應彼此的意見；第三階段呈現研究結果，將剪輯後的正式影片給雙方觀看。由於拍攝期間適逢二〇〇八年總統大選，傅榆設定的話題緊扣雙方政治立場的形成，以及兩方對民進黨現況的看法與對兩黨總統候選人的評價；從兩方對陳水扁當市長的功過、民進黨以前在立法院搶麥克風是否合理、誰挑起族群問題、民進黨執政是否導致經濟下滑、哪家媒體比較中肯、台語教育等議題所提出的看法，不同立場的視野差距自然成形。

片中轉場過程，導演曾穿插小人偶動畫、搭配字卡、文字旁白，向觀眾回顧自己以前討論政治的兩段經驗。其一是自己大學時期有一次和朋友討論政治，她不加思索直白地照著在家中常聽到的講法，說阿扁都沒有在做事，結果和同學發生爭執，最後被其他同學架開；其二是二〇〇四年總統大選，因槍擊案引發選舉不公的爭議，系上學長於BBS站上發布了一篇文章，嘲諷在凱道上抗議的群眾。傅榆立即發表了一篇反面言論，馬上被學長以輕蔑的口氣反駁。事情後來在另一位學長出面當和事佬後落幕，但從此她仍被貼上深藍選民的標籤。這導致她後來不敢在公開場合討論政治，也意識到要讓政治立場不同的兩方對話有多困難。

溢出於藍綠二元立場對比之外的，是傅榆對自己身份認同的釐清與對紀錄片倫理的反思。隨著選舉靠近，她在片中以純文字畫面呈現她對自己無法中立的懷疑：「我常懷疑自己，不中立真的可以公平地拍這部片嗎？但如果我真的可以很中立，那我還有拍這部片的動機嗎？」——想促成對話實驗的動機似因立場不同而起，但當自己仍然受著原初的政治立場、認同情感牽引，對話又是否能產生意義？

另一方面，透過追問與釐清，傅榆也反思了自己形成政治立場的思考結構，「家庭影響——外省籍身份——支持國民黨」的思考結構開始在她的「族群身份」中出現破口。雖然，打從一開始，她的父母就清楚地說明各自的「馬華」、「印華」身份，但在後來的討論中卻出現他們將自己投射為外省族群的現象，聽到民進黨政治人物發表對外省族群不友善的言論時，傅榆的父母竟會有被罵到的感覺而義憤填膺。這種情感的投射，可能暗含了外來者的自覺（不是台灣人、不會說台語）、華僑對大中國的想像與對中華民國政權的嚮往，以及留學經驗對華人認同的強化。當傅榆意識到自己其實不是「外省人」，並看出她的父母對外省族群的情感投射，其實是未經理性分辨、下意識的反應，使得傅榆的政治認同與立場有了更多可以商榷、移動的空間。

有趣的是，對話進行到總統大選之後，兩方的論辯在統獨立場上似乎出現了能動，甚至反轉的空間，曾家的爸媽認為，如果台灣真的無法獨立、武力也不能與中國抗衡，那麼，他們並非不能接受有條件的統一。反倒是傅榆的爸媽雖然在情感上認同中國，卻在政治體制上不支持和中共統一（也不認為國民黨是要放棄中華民國，並與中國合併）；不禁讓傅榆產生「我們兩家人要的真的是不同的東西嗎？」的錯覺。這種各自主張模糊卻互相對立的現象，讓她意識到「如果我們不試著開始談清楚，好像有更多該看到的政治問題就永遠被蒙蔽」。

然而，就在對話看似將要順利落幕，事情卻有了峰迴路轉的變化：傅榆將一段單看容易造成誤會、原先未給曾家爸媽觀看的片段剪入九十分鐘的正式版。這個版本裡，曾媽媽批評馬英九選票來自婦女，致使傅媽出言反擊。曾媽媽看了相當生氣，認為傅媽是在人身攻擊；傅榆努力解釋，雖平息了曾媽的怒意，並同意錄一段話告訴傅媽這樣的發言可能會傷到別人，但傅媽看了之後反而認為自己受到侮辱、憤怒不已，不願意再接受拍攝，甚至還對她說：「老實說，我覺得妳做的一點用都沒有。」

對話至此看似失敗。傅榆以口考時有位老師（蔡慶同）對她說的話——「政治傾向和情感是緊緊扣連在一起的，質疑一個人的政治傾向，幾乎是在質疑他整個人的過去」——作為這段經驗的解釋，台灣難以理性討論政治的原因，似乎也在此得到解答。

# 第四章　藍綠對話實驗室

## 霍格華茲魔法學院

拍完《大家一起照鏡子》之後，我去一些校園影展巡迴放映，有的學生看起來對影片主題特別有興趣，我就留下他們的資料。在某些放映場合也有觀眾建議我，可以延伸這個主題繼續拍。因為《大家一起照鏡子》講述的是上一輩的藍綠對話，我自己也已經下了結論，認為上一輩的政治傾向跟人生經歷扣連太緊，所以很難撼動，既然這樣，是否就先不要再管上一輩，去認真觀察看看現在的年輕人？比我還年輕的年輕人就快要有投票權了，他們在想什麼？他們心中還有強烈的藍綠之別嗎？這些是我很好奇的事情。觀眾的回饋讓我動念想拍《藍綠對話實驗室》，找不同政治傾向的年輕人們，定期聚在一個空間裡，聊聊彼此對政治的看法。

所以我鎖定不同傾向的首投族，而且他們都要對「藍綠」有感覺。

研究所畢業不久，我在中州技術學院兼一門大一的田野調查課，接觸到一批大一學生。他們很少人有政治方面的意識，但我還是設計了一份問卷，理解他們的家庭背景、對藍綠的看法。我對他們說，這也是田野調查的一種，你要去拍任何東西之前，一定要先了解你的對象，不管是用訪談的，或是做問卷。我藉著向他們示範問卷的內容與格式，也了解他們，從問卷裡面尋找可能拍攝的對象。加上之前座談中遇到的年輕人，總共大約八位，我就這麼就開始了《藍綠對話實驗室》第一次的談話。

談話進行到第三次，我就發現，糟糕了，整個討論一直在鬼打牆。因為參與者都很年輕，對藍綠只有粗略的印象，而且可能還是來自父母，不是歷經自己思索認識而來的。當然也不一定所有人的立場都來自於爸媽，我首先遇到的兩位同學Sample（盛莆）與裕平，就是立場和自己的爸媽相反。裕平會和爸媽相反，是因為小時候的朋友都來自外省家庭，他常和朋友一起玩，不喜歡家裡，所以會接收政治光譜偏藍的價值觀，自己本身的意見很有限，只是單純的好惡而已。Sample比較關注社會議題，曾到過國光石化、反核等抗爭行動的現場，但是對藍綠之間的癥結還沒有深入思考。隨著歷次的討論，她終於慢慢察覺藍綠矛盾的癥結是來自「對過去歷史的詮釋」，但是她對過去的台灣歷史，和什麼是轉型正義，也沒有更深入的了解。還有一位政治光譜偏綠的阿彭，對過去的歷史所知有限，也不知道要怎麼向其他人闡述歷史為什麼重要。如果大家對藍綠都停留在表面的分別，沒有更深入思考自己支持或反對的理由，討論的時候就會陷入無解的迴圈。

為了增加談話的深度，第三次討論的時候，我播放了其中一位成員岱穎的媽媽的訪談——岱穎媽媽的父親在戒嚴時期幾度被情治單位抓走，岱穎媽媽因而常常流離失所，甚至於當她想要念書受教育，卻因為政治犯家庭的背景而失去機會——我想讓大家從這種親身經歷去看白色恐怖對人的影響。

大家看完之後，被故事觸動的人覺得這段過去很重要，對台灣的影響很深遠，表示想要很誠心地去了解更多過去沒有機會知道的歷史。但是也有看法截然不同的一方：「這不是已經過去了嗎？為什麼要討論這個？現在的國民黨還能做什麼？」如果討論一直停留在這個程度，沒有任何一方的人能開啟說服另一方人的過程，進而發展出一點點最初步的共識，對話成效會很有限。我不知道該怎麼辦才好。

由於當時我和CNEX[1]合作，組織裡有個外聘的導演當我的監製，同時也是我的第一個老闆賀照緹導演，她平常比較關注台灣公民社會。她建議我，可以找熱衷參與社會運動的年輕人，他們可能會真的去閱讀一些歷史書籍或資料，也比較可能有自己的思考與想法。

這個提議對我來說很不容易。因為，當時的我對社會運動仍然懷有恐懼。

二〇〇八年，馬英九當選總統，開始加速和對岸的官方交流。那年的年底，對岸海峽兩岸關係協會會長陳雲林訪問台灣，所到之處有民眾抗議，於是發生了警民衝突。一群學術界教授、社運人士和學生為了抗議警方的作法，展開靜坐抗議和示威遊行，這就是「野草莓運動」。野草莓運動發生時，我剛拍完《大家一起照鏡子》，政治觀念已經比較鬆動，變得和爸媽不完全一樣了，也開始認識許多和我不完全相同立場的人。我已經很浮面地走上過幾次街頭，像是反核、樂生大遊行，但沒有真正投入到運動裡面。當我到了野草莓運動的現場，也不認為自己可以跟他們站在一起，我最內在的核心、我的血液還無法那麼快地發生質變。我總覺得我知道得不夠多。對於親身投入一場運動，我有所保留。

在野草莓運動時，我看到抗議者們是用憤怒的情緒、嘲諷的方式在表達意見。他

---

1 一個非營利性質的民間文創組織，由兩岸三地熱愛紀錄片的人士組成，目前由北京國際交流協會、台灣蔣見美教授文教基金會、香港CNEX基金會共同推動。

們表現出一種自以為是的正義，使我對他們的主張與情緒感到很疏離。我自認不是沒有正義感的人，也覺得我應該能夠判斷是非對錯，但在當場，我就是有一種無法融入的扞格感。除了學生的靜坐外，當時的民進黨主席蔡英文也在別處帶領一場抗爭，我也去了現場，但那裡勾起的又是另一種刻板印象。在民進黨的抗爭場合裡，好像大家都講台語。因為小時候被排擠的記憶，讓我對講台語的群體有種本能的害怕，不自覺地把這個語言與排擠劃上等號。我很難覺得自己是他們的一份子。

在這樣的心理限制下，我不知道該怎麼開口邀請參與社運的學生加入我們的討論，我非常擔心他們不喜歡我、不接受被我拍攝。但很幸運地，我剛好在這時看到蔡崇隆老師的臉書上轉發了一則陳為廷的貼文。陳為廷和幾個朋友一起上街聲援中國茉莉花革命，蔡崇隆老師對此寫了一則感想，大意是說很羨慕現在的年輕人，這麼早就可以用這樣的方式接觸政治。我覺得很好奇，順藤摸瓜，點進陳為廷的臉書，發現這個人雖然熱衷社會運動，立場卻很有開放性。他的臉書寫著：「我是陳為廷，我主張台灣獨立。」雖然立場鮮明、有本土意識，但另一方面，他又在關心中國的茉莉花革命，這在我當時的刻板印象裡是很少見的——即使到現在，我仍然常會聽到主張台獨、本土意識較強的人說，中國發生的事情就是外國的事情，像是紀念六四活動，不需要是由台灣人主動發起。我猜想陳為廷不是民族主義先行的人，至少他雖然台獨，卻不排斥認識中國、和中國對話，這應該就是我要找的人了。

於是我鼓起勇氣寫訊息給他，說明自己想要找像他這樣參與社會運動的年輕人來對話，因為我很少認識這樣的人。結果他居然很友善，秒回答應，還說可以介紹一拖拉庫這樣的人給我。我當下鬆了一口氣，好像也沒有我想像的那麼恐怖嘛？

他當時就讀清華大學的人文社會學系。我去他們宿舍「實齋」的交誼廳和他見面，裡頭人來人往，同學們在那裡聊天或是討論課業，我對那種氛圍感到很羨慕。他也覺得學校滿好的，他說，妳不覺得很像《哈利波特》的霍格華茲嗎？大家一起上課，住在同一個宿舍，然後一起在公共休息室度過課餘時間。

當時是二〇一一年，正逢中華民國建國百年，同時也是清大建校百年，馬英九和王力宏在清大舉行一場座談。陳為廷和一夥人聊到：「幾天後馬英九要來欸，我們去向他抗議！」很自然地在交誼廳呼朋引伴了起來。我一面羨慕，一面注意到他們一夥人都很有趣，講話也很好笑。認識了陳為廷，我才真的開啟對社會運動的好奇。

那時候我只想著要拍《藍綠對話實驗室》，但事後回想，這應該也是我拍《我們的青春，在台灣》的緣起。

## 友善地說一聲嗨

《藍綠對話實驗室》中，有一位與陳為廷特質類似——立場鮮明、熱衷社會運動、能接受不同想法——但政治光譜完全站在另一邊的上官良治。他在片子裡曾說，野草莓運動的時候，他有一點受到運動傷害。那是我第一次聽到「運動傷害」這個說法，這個詞彙經常被社會運動的參與者用來指他們在社運當中所遭受的心理傷害，這些傷害經常會導致後來感到迷失、無以為繼的狀態。

上官的運動傷害主要來自於國族認同。他出身外省家庭，想法很開放，但有時候有點搞不清楚狀況。他過去曾經參加龍應台基金會辦的活動，很嚮往在各國發生的學生運動。

我個人覺得一些標榜「華人」社會的思想沙龍，經常會想要介紹各國的社會運動，希望培養大家的國際視野。但弔詭的是，他們能接受世界各國的反抗運動，但當台灣發生同樣事情的時候，視角就容易偏向貶抑。這是為什麼？為什麼國際上的抗爭很正當，在台灣就是來亂的？自詡知識份子，嚮往別人的反抗意識，卻用比較高傲的態度在看自己的土地，這是許多類似活動給我的印象。不過想想，或許他們看台灣和他國的社運，其實是一樣的心態，只是跨不過心裡那道意識型態的檻。

但上官和他們不太一樣，他觀察了各國的社會運動之後，開始好奇，那台灣在做什麼呢？這時發生了野草莓運動，他便投身進去，這是他非常難能可貴的一面。他不像我，我在當時進不去，也不敢進去。他也不像當時另一群泛藍的運動參與者，自我標榜為「小藍莓」，自認為主張公平正義，有理念、有想法，但把其他野草莓參與者都標籤為泛綠，強調自己和他們不一樣。上官沒有這種既定的標籤，他願意嘗試，誤打誤撞就進到運動裡了。但是進去裡面之後，才感覺到一些事情和他既有的價值觀不大一樣。

他在片子裡頭曾說，參與社會運動的人，大部份偏獨派，議題討論起來很累。我很難想像他這麼有開放性的人，還是會因為講到統獨，就覺得事情的討論難以為繼。我也很訝異他心中還是會有這樣的標籤和隔閡。此外，陳雲林來台灣之後，有人提議要帶陳雲林的面具唱國歌、在升國旗的時候鬧場，上官非常介意，認為這是對國家、國旗、國歌的不尊重。我心裡不免想：哇！他居然還會有這種堅持。

可是，這種堅持確實是一直在他的血液裡面。當時我們開了一個《藍綠對話實驗室》的討論區，除了我的拍攝對象之外，他們也都可以主動邀請認識的人進來討論各種議題。但是大部份的人進來之後都是在罵國民黨，而且都會從過往的歷史說起。一旦有人反駁，罵國民黨的人就會表示是你不懂。這其實和我大學時代的遭遇很像。

上官看到這些言論不免難受，其實有時候連我都快要動氣。其中一個上官帶進來的人有點得理不饒人，會一直嘲諷立場相反的人。我不認同他一直刺激別人的做法，彷彿如果他是對的，就可以用汙辱的姿態批評別人。我曾經直接跳出來說，可不可以不要這樣？這種討論方式也很難變成良性的溝通。

這種情況不只是體現在《藍綠對話實驗室》的討論區，事實上這幾乎是各處討論藍綠統獨的場域共同的現象。也許上官覺得無法從中找到實踐理想的可能性，所以他慢慢淡出社會運動。他後來參與的組織叫做Design For Change，是在推動教育方面的改革，正能量滿滿，不批評政府，希望從小孩的教育改變世界。

在這些參與社會運動的年輕人當中，我開始感到自己比較傾向認同陳為廷。這時，我已經從一個對社會運動懷有恐懼的人，轉變為接受社會運動者所採取的途徑，開始認同他們那種抱持著想要挑戰、解構政治最核心問題的態度，去改變社會的理想。這或許是為什麼，我會被陳為廷和他想做的事情吸引。

另一個被陳為廷吸引的原因，是因為他的行動力很強。我第一次從旁觀察紀錄陳為廷在社會運動之中的情形，就是馬英九與王力宏在清大的那場對談。趁這個機會，陳為廷和他的同伴們想把一堆議題都提出來。以抗議來說，這個策略不大對，因為問題太多，很難聚焦。但他們做得很投入，傳單裡寫了滿滿的議題，還發明了一句slogan：「讓弱勢者也有夢想的權利」。可是因為沒有衝突，媒體的報導很少。我以往參加的陳情抗議都是遊行類的，一定要大聲疾呼口號，表情嚴肅地控訴一些事情。但陳為廷主導的抗議很活潑、很搞笑。他開場的時候竟然還說：「今天是平和的抗議，所以先跟大家說一聲嗨。」我沒有想過有人抗議是這樣的。因為他希望有更多人可以參與，而且很多在演藝廳外排隊聽演講的都是「馬粉」，他不希望造成他們的反感，所以用這種友善的方式去吸引注意。這又再一次讓我覺得，原來社會運動和我想的不一樣，我開始比較不害怕，不會自我設限。

《藍綠對話實驗室》的計劃最初不是以陳為廷為主，裡頭的其他人我也個別訪問過，並且跟拍了兩三次。陳為廷有稍微多一點，但比例上沒有太失衡。如果說在對話的時候他會讓我印象比較深，是因為他口若懸河，時常滔滔不絕。我對他這樣的表現沒有反感，因為我通常覺得他說得滿有道理的。不過也有人會覺得：都給你講就好啦！這樣的感受也很正常，因為如果都是一個人在發表意見，不給別人機會回應，縱使你說得都對，不免會顯得理不饒人，反而沒有達成溝通的目的。

但他的優點是，他會試圖修正自己。在被批評之後，他的態度會調整。在最後一次對話的時候，他分享了關於轉型正義的事情，講了很長一串，大家也普遍有被說服，因為他援引他國案例，對比德國與南非的狀況，說明台灣和他們之間的差異——台灣在解嚴之後沒有馬上政黨輪替，國民黨不可能清算自己，等到後來真的政黨輪替，國民黨又成為最大的在野黨，所有的轉型正義都很難進行，只要一採取行動就會立刻被扣上政治鬥爭的帽子。在講這件事情的時候，他已經能用比較中性的方式來講轉型正義的難處、為什麼做不到，而不是光批評國民黨不對，因此大家相對能夠接受。另外，片中有位中國學生孫宇晨還用視訊出來補刀，說台灣的轉型正義做得不夠好，沒有好好梳理台灣的民主歷程，無法為他們中國立下良好的典範。

台灣社會大眾認識陳為廷，大多是在二〇一二年的「反媒體壟斷」。當時因為旺中時集團購併中嘉，引發社會反對媒體巨獸的抗議，陳為廷等許多學生都參與在其中，陳為廷因為反駁旺中報導而登上媒體版面。但其實在「反媒體壟斷」之前，陳為廷已經投入許多社會工作了。在《藍綠對話實驗室》的期間，他非常認真投入楊長鎮在苗栗的立法委員選舉。苗栗是他的家鄉，他很想改變這個地方，但苗栗一直以來資源稀少，在那裡的年輕人反抗意識也沒有台北旺盛。從陳為廷的觀點看，感受一定是更加地深刻的，因為他自從到台北建中讀書以來，有機會參加很多講座、沙龍活動，他自然希望家鄉苗栗也能有這樣的機會，他想把這些資源帶回去。因此，他號召了一群苗栗年輕人，辦了一個「苗栗後生會」。我也曾想針對這個組織拍支片子，因為我覺得這很令人感動。我把這個想法寫成企劃送去CNEX提案。CNEX那一年的主題是「教育？教育！」，而我認為這群年輕人自發的組織也算是在實踐另一種教育，可惜後來沒有拿到補助。

後來我拍攝的《我們的青春，在台灣》片子裡有一段，大家坐在草地上，陳為廷唱〈風神一二五〉，說出他參與社會運動是想找到自己和社群的連結，然後就哭了。那段影片紀錄的就是苗栗後生會的「共識營」。共識營是個有三、四天的活動，因為我的時間無法從頭到尾和他們在一起，就把攝影機交給共識營的參與者，結果正好拍到那一段。因為是沒有經驗的團員拍的影片，所以那段影片看起來很晃。但我在看素材的時候，覺得非常難得，因為陳為廷很少在別人面前哭，我是第一次聽到他講出這麼內心的話。

不過，苗栗後生會做到一半，他就轉而投入楊長鎮的選舉。他和楊長鎮聊過很多，基於理念相合才願意支持這個候選人。但是民進黨在苗栗打選戰真的很艱困，他們也沒有很厲害的手段或策略。陳為廷組了一個叫「青苗組合」的組織，辦了一些活動，例如邀請林生祥到苗栗彈唱，吸引大家注目；或是找兩三個夥伴去火車站前面唱〈憨人〉。總體來說，活動辦得七零八落，但他是個年輕人，從這些行動能看出他人性的一面。

但以紀錄片拍攝的角度來說，他很難追蹤。他是「自走砲」性格，要做什麼事情不會先說，喜歡出乎意料。他會認為，沒有跟到是你的問題，所以他不會主動對我說他要去哪裡、去參加什麼活動，我一定得問他。偏偏我又不喜歡一直問他。這變成我們之間的一種角力。後來，當發生某些運動或事件時，我反而會刻意不問他，自己去，看看會不會遇到他。因為我不想一直被帶著走。後來我與蔡博藝的相處也是這樣。但蔡博藝對我比較好，有行動會願意主動告知我。但我還是會注意彼此的距離，不要黏得太緊。有一次，我去拍華光社區的拆遷，沒想到他們兩個都沒到場，我頓時意識到自己沒有安全感；他們兩個不在的時候，我突然不知道鏡頭要對向哪裡。

總之我與陳為廷之間的關係若即若離。他會在一段時間裡對特定的議題很投入，讓大家感受到他的專注、想要與他一起做點事情，進而產生革命情感，但是他很快又會脫離。因為這樣的個性，很多人會覺得他只是在追著鎂光燈走，哪邊有人關注，他就往哪裡去，沒有人注意了他就離開。但這種講法我認為不盡公平，因為他早先投入的一些議題，也沒有人在關注。我問過他對這種批評的看法，他回答：這些事情以前沒有人要做，所以他想做；可是一段時間之後，這件事情開始有別人做了，也就不一定需要自己投入。

他的個性就是這樣。但我知道有另一種人喜歡深耕，無論如何都會在自己關心的議題上一直做下去。我個人比較接近陳為廷，如果一件事情沒有人做，而我做了可能會不一樣，那我就會投入，只是我不會做一半就離開。這有點像我開始拍政治紀錄片的原因：我是因為看了郭力昕老師的文章，發現做政治紀錄片的人不多，我就想挑戰看看。但是三一八之後有越來越多人拍攝這個主題，我已經不再執著要繼續朝這個方向拍攝了。

陳為廷的這種性格，到底與他的背景有沒有關係？我認為可能有。他很想找歸屬感，又很怕自己被拋棄，所以不如自己先離開。他在出生前三個月，父親遭人刺殺；長大到十三歲，母親也罹癌過世。從小他在親戚之間被送來送去，讓他很沒有安全感，想要依附，又害怕過度依賴。而我越是看到他脆弱、人性的一面，想跟著他的感覺就會越深。相較於其他人，我的鏡頭就越來越聚焦在他的身上了。

或許是因為我開始接受陳為廷的觀點，對於如何看待台灣過去那段戒嚴時期的歷史，我的看法也和他越來越一致。我在這方面的二度啟蒙（第一次是拍《大家一起照鏡子》時，聽到曾也慎的家人談到親友在白色恐怖中被帶走的經歷）的契機，是來自一場關於「轉型正義」的紀錄片放映與座談。那天放的紀錄片是王育麟導演的《如果我必須死一千次》，內容是關於一群左派年輕人在地下抗爭後被整肅的過程，映後有一場座談，由「台灣民間真相與和解促進會」主辦，更詳細地說明了當時國民黨如何找到影片中提到的那些地下黨員，順藤摸瓜將他們一網打盡的過程。

這場座談對我產生了很大的影響。應該說，我是在這場座談之後，才開始認真想去理解：到底何謂「白色恐怖」？在那場座談以前，我是膝反射地將台灣過去那段反抗及被迫害的歷史，和所謂的本省人劃上等號，甚至也把它等同於「二二八」這單一的事件。或許在我心裡，仍然隱約自我設限地認為，這一切不關我的事，我不屬於那個被迫害的團體，所以我無法和他們同仇敵愾。甚至在我心中隱約的連結中，我是屬於和國民黨站在一邊的群體，是和國民黨一起被罵、被排斥的。

在這場座談中，我出現了一個非常新鮮的感受，那就是片中被迫害的，都不是我印象中的本省人，而是當時我自以為和我同一陣營的外省人。而無論是影片中，或是映後的座談，也都在呈現當時的國民黨，如何濫捕濫殺任何他們認為有一丁點反抗意圖的人，不分省籍，都是如此。那時我才驚覺，我的想法有多麼狹隘，多麼受到表面的本省、外省區隔所蒙蔽。我強烈地意識到，我自己本來關於「藍綠」的想法，根本就是被省籍之於過去那段歷史的刻板印象所綁架了。

從這時候開始，我興起一種企圖心，很想讓更多和過去的我一樣被刻板印象蒙蔽的人，能像我一樣獲得契機，認識到真相，而發生觀念的翻轉。這就是為什麼，我會特別想讓《藍綠對話實驗室》的成員們一起討論轉型正義的緣故。後來我認識了陳為廷，又因為他而在臉書上加了許多懷有類似觀點的朋友。不知不覺地，我也越來越參與到這個群體之中。

## 雅聞的反感

雅聞在這個「實驗室」裡面，算是唯一一個對藍綠沒有特定傾向的。這樣的她會被我找來參與拍攝，是因為她是少數在《大家一起照鏡子》放映後，來找我交談的年輕人。她覺得自己對藍綠議題有興趣，但是她不太確定該如何去下判斷——這跟當時的我狀態其實有點類似，而我也相信，這樣的人其實不在少數。我們都剛剛獲得選舉權，台灣社會、充斥在我們周遭的選舉訊息也是如此之多，但我們真的知道如何選擇嗎？

儘管雅聞也知道自己所知較少，但經過了幾次近乎「陳為廷開講」的對談之後，雅聞對於陳為廷因為知道得比較多，就「可以一直說一直說」感到很反感（我可能跟陳為廷的觀點越來越類似，所以沒有發覺）。這其實是社會上許多人的心情寫照。雖然大家理論上是平等的，但在同樣一個場子裡，只要有陳為廷在，雅聞就沒有機會發出自己的聲音。或者說，縱使她發出了聲音，也總是沒有被採納的那一個，因為她的論述能力沒有陳為廷好。

她的焦慮我可以理解，因為我也常有同樣的感覺。我不是很會講話的人，在三個人以上的團體裡，我就會是比較少發言的那個人。但我心裡其實有很多想法，只是我沒有機會講。有時候是因為我覺得自己論述能力不好，有時候是不敢講，這怪不了別人。可是像我和雅聞這種人為數不少，他們因為自己沒有辦法發聲而感到焦慮不安，於是對於政治感到排斥。雅聞已經算是比較敢講出自己感受的人了，像是片中的凡恩，他也有類似的感覺，但平常不一定會直接地講出來。這某種程度可以解釋，為什麼經常我們認為有道理的、想讓更多人瞭解的事情，很多人卻偏不願意聽。或許是我們溝通的方式，忽略了雙向的交流。但這些人並非完全鐵板一塊，能不能被說服，最終涉及溝通的藝術。

後來，參與過《藍綠對話實驗室》的人，在紀錄片拍攝結束後，發生「反媒體壟斷」與三一八學運時，幾乎都一面倒地支持這兩場運動。這樣的轉變其實讓我非常驚喜，也讓我比較敢於去相信：或許我這麼執著於不同立場之間的對話，是有意義的。因為，我本來只是預設，台灣不會只有我一個人，在渴望一個能夠從「藍／綠」、「統／獨」、「本省／外省」這種二分法看政治的窠臼中跳脫出來的契機，所以我才開啟了《藍綠對話實驗室》的拍攝。他們的轉變，讓我的假設得到了一定程度上的證實。當對話發生，契機就被創造出來，參與者就能為自己做出新的選擇，改變就有可能發生。

這其中還有一個很重要的因素，我想是來自新一代的年輕人對藍綠的觀念並非根深蒂固。當他們接觸到更全面的事實，他們會願意去修正原有的想法。從我自己的經驗和觀察，改變往往來自當他們接收到一個核心的概念時，那就是：抗爭並不是「來亂的」，而是當體制內的溝通管道失靈的時候，抗爭者才必須透過體制外的抗爭，取得非常態的討論空間。然而，歷史從過去到今天——甚至也不只是在台灣，還有世界上許許多多其他的地方都是如此——執政者往往以「叛亂」、「破壞」之名指控異議者，以掩蓋體制的惡或不足。當一個人開始能夠看到這一點時，這個概念往往就能變成撬動他改變的起點——他們會感到過去的自己被蒙蔽了，感到憤慨，而願意站在反抗者的一方，就和在拍攝紀錄片的過程中逐漸轉變的我一樣。就在這支紀錄片的拍攝結束後不久，發生了反媒體壟斷運動。這時他們親眼看到陳為廷被親當時執政黨的媒體，抹成被在野黨煽動利用的「綠衛兵」，並且這個訊息還不斷重複地在媒體上播放的時候，他們的這種憤慨應該特別強烈。因為陳為廷的政治光譜雖然偏綠，但媒體報導的扭曲，和他們親身接觸過的陳為廷本人實在相去太遠。

幾乎所有原本傾向國民黨的《藍綠對話實驗室》成員，在紀錄片拍攝後都發生了這樣的心理轉變。除了林家興之外。林家興的父親年紀非常大才生下他，他是外省第二代，而不像他的同年齡人中常見的外省第三代。他與外省第一代的關係更直接，更接近，受到的影響也更大。他還沿襲中國傳統文人的習慣，為自己取字、號。我感到他在政治立場上根深蒂固的程度，和我父母那個世代比較接近。

其他人幾乎都改變了。原來政治立場偏藍，在二〇一二年還隨父母投票給藍營的凡恩，也是改變的人之一。他開始關注戒嚴時期的歷史，參與了許多社會運動。縱使他還是有點犬儒，經常說世界不會因此就改變，但至少，他不那麼排斥反對運動了。

在三一八的現場我也遇到雅聞，當下嚇了一跳。她說：「是潘軒岑叫我來的！」軒岑是《藍綠對話實驗室》裡那個在國光石化預定地吃蚵仔的女生，她本來也很藍，覺得馬英九、國民黨比較有國際視野。但後來她也改變了，在三一八的現場，她也站在國民黨的對立面。

其實，那幾年，走上街頭的抗爭運動不少。除了前面已經提到過的「反媒體壟斷」，甚至更早期的「野草莓」，二〇一三年也有「八一八拆政府」，之後才是二〇一四年「三一八學運」。因此「三一八」並不是憑空出現的。「八一八拆政府」時，裕平竟然也到了現場。裕平是前面說過，家裡偏綠，但他從小在偏藍的朋友群中長大，和朋友的關係比和家人好，不假思索地在認同上偏藍。他在《藍綠對話實驗室》影片中說，起先他覺得「實驗室」很有趣，漸漸地卻在對話中感到自己好像很無知，所以變得興趣缺缺。雖然如此，在八一八拆政府的時候，我竟然看到他在現場打卡。大家似乎都更加願意去關心社會，接觸本來認為和自己無關的事了。這讓我覺得很欣慰。

到了片子要公開播映的時候，凡恩在臉書上說，參加《藍綠對話實驗室》是影響他人生的一件大事。如果不是參與這件事，他現在的人生不會是這樣。我看到他這樣說，真的很感動。

## 非典型中港生

《藍綠對話實驗室》裡的陸生孫宇晨和港生黃俊傑都是陳為廷帶進來的。

我剛認識陳為廷的時候，他正在清大修讀王丹的課。我看過他在臉書上寫，要去看六四的紀錄片。他曾問我要不要一起去和王丹吃飯，我當時有點害羞所以沒去。

王丹在六四後被捕入獄、保外就醫流亡美國，二〇〇八年他拿到哈佛大學歷史暨東亞語言學博士之後，二〇〇九年就來到台灣講學，二〇一〇年開始在清大人社院客座。他一直希望，不論是台灣或是中國的學生，都可以更瞭解中國的現實情況。這種想法和我是相通的，我認為我們必須去理解中國的真實樣貌，認識最核心的問題，才有可能突破它，而不是一味覺得它可怕，就把自己關起來。

王丹當時不認為台灣一定要做獨立的國家。他經常會在校園內辦一種活動，叫做「統獨大辯論」。陳為廷曾代表獨派參加，但他無法說服統派。反過來說，統派也很難說服獨派。有趣的是，中國學生們雖然覺得王丹的課有點危險，但因為在中國接觸不到，所以還是會很感興趣。因此王丹的身邊總是圍繞著很多陸生、港生。他們因為接觸王丹，比較容易有和中國官方不一樣的想法。二〇一一年，陳為廷和香港學生黃俊傑，與一些陸生一起辦了紀念六四的晚會。讓他們彼此之間連結在一起的人，就是王丹。林家興也參加過六四晚會的籌辦。

參加這場由陳為廷等人籌辦的紀念六四晚會，讓我認識到：政治傾向不同的人，還是有可能對話，產生共識。林家興藍到發紫，陳為廷真的很綠，但他們卻可以在紀念六四這件事上取得共識。縱使中間他們不同的想法還是很多，但是能基於維護人權、反對共產黨的共同理念而合作。

陸生宇晨和港生俊傑都是王丹的學生，曾被陳為廷帶去社會運動現場、看鄭南榕基金會的展覽，知道台灣戒嚴時期發生的許多事情，以及民主化的歷程，所以他們在片中表達的觀點，和一般人認識中的多數中港生很不一樣。如果一個學生沒有接觸到這些知識觀點，或是心中沒有開放性，不太容易形成這些獨立思考的論述，甚至會在不了解的情況下，就很化約地標籤這些論述就是「立場偏綠」。後來，在《藍綠對話實驗室》放映的時候，一些政黨傾向偏藍的年輕人，認為雖然片中開放對話，可是從邀請的對象、呈現的結果來看，導演本身骨子裡一定是「綠」的。其實，我不是沒有想過要找典型的統派陸生。在王丹於清華大學校內舉辦「統獨大辯論」的場合，我見過很多統派的學生。有一次我帶著攝影機去，王丹跟我說：「妳最好不要拍，因為大家會不敢講話。」於是我沒有拍。在他們討論完後，我嘗試詢問一些上台發言的陸生，是否願意參與《藍綠對話實驗室》？但沒有一個人願意，每個人都對我說「不好意思，請妳理解」。我理解，他們真的很擔心自己的發言，萬一說了什麼，可能會發生不好的事。

CNEX的補助也是我邀請中港生參與拍攝的很重要因素之一。他們看了我的素材，聽了我跟受訪者討論的內容，非常好奇中國或是其他外部觀點會怎麼看台灣的藍綠？他們覺得這樣才能從另一種視角看事情。我個人原本沒有預期中國、香港的學生一定會有什麼觀點，但我聽了CNEX的建議後，認為值得嘗試，於是就去做了。結果，也就此為我打開另一扇窗。

## 我希望大家翻進去

接觸了中國、香港的學生之後，我慢慢地感到，問題好像還沒完呢。關於台灣藍綠年輕人之間可能產生共識的癥結點，如前文所述，是開始認識過去歷史，以及開始認知抗爭有其正當性，我覺得自己已經找到了答案。但是拍完《藍綠對話實驗室》之後，我更加注意到「中國因素」對台灣的影響。當時我隱約覺得，若能有更多人認知到中國是否走向民主化對台灣現狀造成的影響，可能有助於凝聚台灣內部的共識。而若要清楚認識到這個面向，我覺得從陸生或港生身上，好像還可以再看到一點什麼。宇晨去美國讀書前，曾經向我表達還想繼續合作的意願；俊傑對於這方面的問題，一樣也很有興趣。我在想，大部份的中港生都是統派，我卻剛好認識了一些雖然偏向統卻又可以開放對話的。那麼我有沒有可能跳脫二分法，做出更具複雜性的比較，找到一群可以支持獨立的呢？我的想像是，如果把人民和政府分開，把具有獨立思考意識的台、港、中年輕人聚在一起，每種背景在國族光譜上又有統有獨，這也許可以變成《藍綠對話實驗室》的續集。

我那時候因為這一連串的拍攝與接觸，對於中國的民主化是充滿期待的。我希望他們有一天變得更尊重人權，基於人權，進而尊重台灣人的想法，更可以接受讓台灣自由選擇自己的前途。那段時間，中國的民風也確實比較開放，台港中之間的交流比較多。當時，我查資料、看新聞的時候心裡都覺得，中國的民主化雖然很難，但並非不可能。再發展幾年，有沒有可能他們會變得更不一樣？

我讀了中研院社會所吳介民老師寫的《第三種中國想像》（二〇一二年，左岸文化），這本書提醒我們，不要單純地把中國當成機會，也不要刻板地把中國想成是危害，我們要更深刻地理解它，把中國政府和中國人民分開來看。對台灣人施予威脅的，是那些遊走兩岸之間掌握政治與商業利益的人，他們是盤旋在台港中上空的「跨海峽政商聯盟」；站在人民的角度，我們要思考怎麼串聯跨海峽台港中公民社會的力量，嘗試去和這個聯盟對抗。

《第三種中國想像》出版的時候是二〇一二年底，台灣正好發生「反媒體壟斷運動」，陳為廷也是從那段時間開始成為媒體上會出現的人物。「反媒體壟斷」之前，陳為廷還曾經很深入地參與一個運動——「華隆紡織罷工案」。但那段時間我正在剪輯《藍綠對話實驗室》，所以沒有很積極跟拍。也是因為這種選擇性的不積極，讓我在那段時間開始意識到，自己對於國族、認同方面的運動還是比較有興趣。

「反媒體壟斷」案的起因，是立場向來親中的旺旺集團，在二〇〇八年之後陸續買下《中國時報》、中天電視台、中視，這時又更進一步想要買下有線電視系統台「中嘉網路」。如此一來，「旺中集團」將不僅可以製作新聞，更有權決定哪家新聞台可以在電視頻道上架播出，這樣的媒體垂直併購，可能會導致台灣新聞產業壟斷在單一廠商手中。尤其當這家廠商有著強烈的親中色彩，就更讓人擔心中國政府有可能透過這個集團影響台灣媒體的自由度了。因此這項併購案一直受到許多學者的關注與反對。

二〇一二年七月二十五日，中研院研究員黃國昌開了一場記者會，反對旺中併購中嘉。記者會結束不久，有上百名學生跑到NCC抗議旺中併購案。接著中時相關的媒體就開始報導，許多參與遊行的學生都是花錢僱用的走路工，遊行隊伍中間還不時穿梭著「爸媽模樣」的人士。然而有眼尖的網友發現，新聞畫面中拍到的一位「爸媽模樣」人士，竟然就是時報週刊副主編林朝鑫。

陳為廷在臉書上轉貼了這則訊息，並指出這件事情是林朝鑫自導自演，結果被旺中提告。事實上那時候不只他有轉貼，只是在他轉貼的時候剛好被比較多人看到，就被殺雞儆猴。於是很多人真的集結起來去旺中門口抗議，有人舉著牌子寫「恁爸比陳為廷還早PO圖。旺中，加油好嗎？」那天雖然下著大雨，但現場還是有七百多人參與。陳為廷自己倒是沒有去，因為他覺得自己是被聲援的角色，不太適合到現場。那段時間他過去很多的言行被媒體輪播，甚至起底他是小英後援會的人，強硬地幫他貼上「綠色標籤」，他被描繪得好像是「綠衛兵」一樣。

那次聲援之後，他發現好像可以做組織，於是他加入了「反媒體巨獸青年聯盟」。但他那陣子常常在我的紀錄片訪談裡說，那個組織很渙散，開會常不了了之。每一次有大事要發生，都沒有人要行動。後來他在併購案要簽約的前夕，打電話給林飛帆與另一位夥伴，決定要衝一發行政院，於是有了十一月底的行政院前守夜。

他們在抗議的時候，數次想要翻過行政院的鐵門。其實大家應該都有預期心理，覺得沒有那麼容易翻進行政院裡。多數時候他們是做做樣子，營造出政府不願回應、我們要自己進去的形象。但是真的開始行動，大家都翻得很賣力。在那個情境之下，有些人是真的想要翻進去了。

我在旁邊看的時候，一開始也覺得他們只是做個樣子，但後來看到他們的衝勁，就開始想，如果真的能衝進去的話多好。結果當預期中的失敗來臨，我竟然還是有點失落。而林飛帆居然哭了。（陳為廷還嗆他說，你哭屁啊。）

這和過去的我已經是天壤之別了。我從來沒有想過，有一天，在這樣抗爭的場合裡，我會是那個站在牆外，希望大家翻進去的人。

但許多沒有在現場的人，例如林家興，會覺得這是暴亂，完全沒有正當性。憑什麼你們來衝一下，政府就必須回應呢？政府有其他要做的正事，總不可能誰來抗議都要回應。如果是以前的我，或許也會是一樣的想法。

原本我想要繼續關注林家興的動向，但慢慢發現，彼此越來越難溝通。我在現場，我可以理解為什麼大家這樣做。但不在現場的人，就是無法理解。所以我後來和林家興漸行漸遠了。但為什麼我還會想拍他呢？因為他雖然藍到發紫，但他還是有一定程度的開放性，其實是一個很難得的人。他曾經在政大學生會辦了一個對談，和我的想法類似，也是找了藍綠不同立場的人一起對談；陳為廷的一些臉書發文，他也曾在下面回應，表達自己雖然立場不同，但仍然很欣賞他。國民黨青年團的年輕人很少像他這樣，他們多半也不願意和我接觸，他們會覺得我表面上看起來中立，骨子裡卻是綠的，他們對我會有距離感。

但林家興不太會，雖然立場不完全一樣，但他相信我有開放性。我也感覺得到他的意識形態雖然和我不同，但他是從另一種角度，希望從體制內進行改革，讓這個國家更好。他也真的願意去做、願意和別人討論，因此我至今仍在觀察他有沒有改變想法的可能。撇開國族不談，他和深綠青年還是有很相似的地方，例如他意識到國民黨有過於保守腐敗之處，所以抱持著改革的理念進入國民黨。但三民主義統一中國的執念還是綁住他心靈的某個區塊，國民黨過去迫害抗爭者的行為，對他來說是政府在國、共「準戰爭」狀態下、有正當性的作為，而無法接受那其實有很大程度是違反人權與正義，該被正視與檢討。

二〇一二年的年底，十二月三十一日晚上，「反媒體巨獸青年聯盟」的成員們在行政院前守夜靜坐。於過年期間安排了一個「一車走天涯」的行程。一群人坐著一輛卡車，從北到南四處宣講，超級青春熱血。我沒有每個點都跟拍，但有跟到的場次，現場人都不少。他們會在現場彈吉他，每次都一定要唱〈憨人〉、〈風神一二五〉（難得有一次唱〈不再讓你孤單〉，是因為陳為廷當時的女友在現場，被我拍下來。後來，因為情境很適合，而放入了《我們的青春，在台灣》）。總之，一個運動還是得靠這些行動慢慢累積，才能得到越來越多人的支持。我們總是從深耕自己的土地開始，才有可能獲得海外的聲援。

## 是反媒體壟斷？還是反中國因素？

反媒體壟斷運動中一直有個爭論，到底重心是在反媒體壟斷，還是反對中國因素？陳為廷這派的人比較想談中國因素，但「傳播學生鬥陣」[2]的人，則認為要從媒體改革角度來看這件事情。但現實的情況是，反媒體巨獸青年聯盟的抗議正是因為不只針對媒體改革，而是把其中的中國因素挑出來批判，才能聚集那麼多人走上街頭抗議。

同樣的情形也發生在後來的「三一八」運動。一直會有兩種聲音，有些人單純探討貿易問題，有些人強調反中。我覺得都沒錯，它本來就是包含這兩種元素的運動，只挑任何一個部分講，也都有道理。就我的理解，陳為廷這類主張從反中國因素看待運動的人，從來沒有把這幾場運動單純定義成這是媒體改革或是貿易的議題。他們也認同上述這些事情很重要。但是認為事情的討論不能只停留在這個層次。中國因素明顯對這些議題影響很深，不應該因為我們是媒體改革運動、反自由貿易運動，就避談這方面的問題。我覺得對話非常重要，雙方可能語言不同，中間有一些想像的落差或誤解，但邏輯不矛盾，也絕對有可能達成共識。否則**我們明明有著一部分共同的價**

值，為什麼一定要分裂呢？其實分裂也很正常，可以容納理念有不同分支，這也符合民主的價值。但我總是認為，我們的敵人很大，難道不能保持一點基本的共識嗎？

總之，我認為中國因素對台灣的影響，比我們目前眼光所及的程度還要嚴重非常非常多。它用滲透的方式，影響人的思想於無形，且容易讓人失去戒心。反媒體壟斷時期的台灣已經算幸運了，大家有看到一個明顯的中國代理人，就是蔡衍明，正好他形象很差，所以打他很容易，大家輕易地就能同仇敵愾，擋下了併購案。但當沒有把中國因素標識出來的時候，媒體改革議題真的很難推動，也很難被關注到。

---

2 由一群就讀傳播科系的大學生和研究生組成的社運團體，簡稱為「傳學鬥」。

## 青春・政治二部曲——紀錄片《藍綠對話實驗室》

《藍綠對話實驗室》是傅榆繼《大家一起照鏡子》後，繼續以探討台灣藍綠政治為主題的紀錄片作品，完整版於二〇一二年九月首映，片長約七十五分鐘。不同於《大家一起照鏡子》聚焦於家人／朋友長輩的政治傾向，《藍綠對話實驗室》安排了一群政黨傾向不同的青年，他們多數為「首投族」，從二〇一二年總統大選前四百八十四天開始，進行了多次主題性的近身談話。這部作品也間接紀錄了二〇一二年總統大選前後發生在台灣社會中幾件重大的政治爭議，如國光石化、反核運動等。

全片共分八章，順著時序與導演提出的問題展開政治討論。八個章節分別是：「兩代之間」「反藍即綠？」「中華民國或台灣？」「支持動力來自厭惡？」「令人厭煩的『立場』？」「藍綠之外的可能性？」「決定因素仍是統獨？」「解開歷史的結」，這些問題可以視為傅榆的前一部作品《大家一起照鏡子》其關懷與觀察的延續；參與者的政治光譜相當多元，可以用藍、綠、中立簡略劃分，但除了這種劃分方式之外，又因為每個人各自不同的背景與關懷，還可以再區分出幾組對比性的立場差異。例如，同樣是立場與家庭相左，片中的**裕平**是受朋友影響而偏藍，父親是國民黨籍里長的**盛莆**，則是在求學過程因對人權有興趣而偏綠；同樣政治狂熱、關注社會運動，有深綠的**為廷**，也有參加過野草莓運動，卻熱愛國家、國旗、立場偏藍的**上官**；同樣參與政黨工作，為廷加入民進黨籍苗栗立委楊長鎮的選舉團隊，認同中華文化、甚至為自己取字號的**家興**則選擇參與國民黨青年軍，**凡恩**則更在歷經此番討論過程後，決定進入人民民主陣線、為小黨助選；立場不藍不綠的**雅聞**，也在片中了表達了一般人對於知識份子掌握發言權、讓一般人沒機會表達意見的反感。

片中也邀請了藍綠兩黨總統候選人陣營的青年發言人殷瑋、林鶴明，來直接與參與者對話。也邀請過中國學生宇晨、香港學生俊傑加入討論。

學者郭力昕認為，從這個實驗室中可以觀察到台灣青年世代在進行政治對話時的幾種共同面貌：他們願意傾聽、不急於說服或辯倒對方，較無歷史包袱、有機會跳脫原生家庭的立場，有能力在爭辯中透過自我解嘲讓對話持續，也能用較為輕鬆甚至遊戲的態度面對嚴肅的政治議題。

這樣的結果，不同於《大家一起照鏡子》的結尾那般令人沮喪。縱使無法讓彼此立場趨於一致，但透過對話認識彼此，提高共識的機會，在這一輩年輕人群體中，似乎是存在著一定的可能性的。

# 第五章　我們的青春，不只在台灣

## 不是我的一廂情願

二〇一二年十一月二十六日反媒體壟斷在行政院守夜那天，天氣雨，我遇見了蔡博藝。其實我早在那年六月就看過她了，當時大選已過，《藍綠對話實驗室》在三月間還進行過一次，我原想再找其他陸生進來，當時CNEX告訴我，網路有篇很紅的文章〈我在台灣，我正青春〉，作者是蔡博藝，是陸生開放來台讀大學的第一屆學生。我上網看了那篇文章，發現她站在一個中國人的立場看事情，卻很能深入理解台灣。因此將她視為我鎖定訪談的對象之一。

我找到她的社群軟體，向她說明我在做《藍綠對話實驗室》，也想聽聽中國人的意見，但我得到的回應是：「對不起，我對這個比較沒有興趣」。後來我才知道她對媒體有一點戒心，因為她剛寫完那篇文章爆紅，很多媒體訪問她。但有家電視台訪問剪輯的時候似乎有些斷章取義，導致她對媒體不是很信任。而我正好在那個時間點去找她，讓她產生戒心，所以我也只好放棄。

不過後來，我還在剪接《藍綠對話實驗室》，同時也在構思下一部續集的時候，CNEX又有人建議我：淡江大學有位楊景堯老師，長期關注陸生議題，因此徵集陸生的文章編成一本《大陸學生台灣夢》。那本書裡面收錄一篇蔡博藝寫的文章。當時他們有場新書發表會，我到了現場，看到蔡博藝受邀上台發言。她有點彆扭，記者問她，妳的台灣夢是什麼？蔡博藝說：「我這人胸無大志，只想讀好書，嫁好人，生個好孩子，找個好工作。」

這我是第一次見到她。由於她拒絕過我，所以我不太敢再去和她講話。不過我已經開始想拍《藍綠對話實驗室》的續集，想多認識中國學生，於是接觸了幾個上台發言的陸生，其中一位是刀哥，他很快就答應了。除了孫宇晨以外，這是我少數遇到能夠這麼爽快答應的陸生。於是我找他和另一位陸生到家裡聊天。但時間真的不好約，另一方面我又忙於剪片，所以一直拖到二〇一三年反媒體壟斷以後。那次本來他們有三個人要來，結果其中一個女生突然告假。我問刀哥，你能不能再帶個女生？他說好啊，找妹子我最行。他說要找蔡博藝。我說：「可是她拒絕過我，你確定要找她？」他說ＯＫ的，於是就真的把她帶來了。

時間再回到二〇一二年十一月二十六日，我在行政院現場看到蔡博藝，當下很疑惑她為什麼會來。因為我原本對陸生的印象是，他們很害怕參與政治。那時候她的書《我在臺灣，我正青春》才剛出版，我還沒看過，後來才知道裡面有一篇文章寫到士林王家被強拆的事情，雖然她還是觀察者的角色，但至少是會到現場觀察的人。不過，即使關心過士林王家拆遷案，關注媒體壟斷又是另一個層次，畢竟牽涉到中國因素，對她來說，應該是更危險。

我心理一邊很疑惑，又很好奇，於是鏡頭就對著她，多拍了她幾回，但又擔心被她發現，所以手有點抖。她看起來很嚴肅，好像臭著臉，所以我也不敢過去和她攀談。

但當刀哥帶她到我家時，蔡博藝完全變了一個人。我很疑惑，這是雙重人格嗎？她變得很活潑，拿出她在淡江大學附近抗議小白宮議題的ＤＭ，向大家說這個議題很重要，希望大家關注。聽她講解訴求的感覺很怪，但也有點開心，明明是一個中國學生，卻如此關注台灣的議題，還希望台灣人也能同樣關注。我對她更好奇了，後來就單獨約她訪問，表明很想拍一部專屬於她的片子。我還將這個構想寫成提案企畫書，投了新北市紀錄片獎。這是我認識蔡博藝的開始。當時完全沒有料到後來會拍了這麼久，甚至和陳為廷的故事一起，變成同一部片。

另一方面，陳為廷因為反媒體壟斷事件被大家關注之後，有些陸生們開始把他當成偶像。那天邀請陸生來我家的時候，陳為廷也在場，陸生們都想和陳為廷合照。比起在我高中、大學時候的認知，與當時社會大眾常有的觀感，我明顯感覺到了時代的改變，學生運動好像是一件好玩、正面、正當的好事，不再是暴亂的形象。在年輕人之間，也掀起了一股組織異議性社團的風潮。

蔡博藝也受到這個風潮影響。她會踏入這個領域有兩個原因，一是因為她有一位大他八歲的台灣男友，年輕的時候也參加過學生運動。不過她男友後來都在準備律師考試，做一些正規的工作，想從別的管道來實踐自己的理念。在她眼中男友是一個斯文文的人，但卻曾參與過她刻版印象中比較踰矩的學生運動。這讓她產生了好奇心，正好反媒體壟斷在當時風起雲湧，她便開始想要透過真正的參與來理解男友年輕時候的想法。這麼浪漫的理由是她自己說的，但我一直都不覺得這是真正的原因。不是不可能，但也許不是主要因素。

因為實際上，她還在中國讀高中的時候，就開始關注政治了。後來，《我們的青春，在台灣》裡，拍到她以前寫的札記，已經寫過六四。我問她，妳為什麼會開始關注政治？她說因為當時失戀了，沒有其他的寄託。但我同樣不知道這有幾分可信度。她的高中校風比較開放，她和同學也都會談論政治話題，她本來也就對這方面比較關注。既然有這樣的背景，為什麼她剛來台灣還是會對社會運動有刻板印象？我不知道原因會不會是和我一樣？——覺得有隔閡，感到自己進不去。

後來淡江大學開始出現異議性社團「五虎崗社」，她也參與其中，成為創社元老。她去參加反核遊行，關注淡江、淡水附近社區的議題，從地方性的運動開始參與起。這些經驗讓她開始認識到，原來在媒體上喊口號的幾秒鐘背後，還得要做很多的努力，包括田野調查、掌握事件細節，透過這個過程，她開始認識社會運動的另外一面。也因為如此，她才有了新的認知，不再認為那些看起來像是製造衝突的行為一定就是不好的。因為，想要在媒體上吸引別人的注意，醒目的衝突是必要之惡。蔡博藝的個性真的是一頭熱，她對她關注的議題總是投入得很深，不會很快抽離。這點和陳為廷完全不一樣。

決定要拍她以後，我和陳為廷的關係起了微妙的變化。一直以來我只拍陳為廷，所以他總覺得我是專屬於他的攝影師。事實上我不專屬於他，我總得跟大家解釋我不是在拍他，是在拍紀錄片。不過他這樣講我還是滿高興的，某種程度上，這代表了拍攝對象對導演的信任。但現在我也開始拍蔡博藝，關心陳為廷的時間就比較少了。而且拍攝蔡博藝的三十分鐘階段性短片《我在台灣，我正青春》，最後還在新北市紀錄片獎中得獎，多少讓陳為廷有點吃味。

新北市紀錄片獎很特別，它不同於一般補助，只給一筆獎金，讓補助對象拍攝一個階段性的版本，它還要求製作完成的影片要在網路上公開一年。報名者只要先準備企劃書與三分鐘以內的片花，評審會從中挑選十部，每部給二十五萬元。這十部要在半年之內做出成果，再選出前三名另頒獎金。

在拍蔡博藝的故事時，我經常陷入兩難，一方面，我想讓大家知道，有對台灣友善的中國人，甚至比台灣人更關注台灣。我知道台灣社會有一種普遍潛在的反中氛圍，但我無法接受像蔡博藝這樣的中國人在台灣有可能面臨不友善地對待。可是另一方面，當我想宣揚這種理念的時候，我的言論尺度卻一直被限制著，我會擔心萬一剪了某些片段，會不會對她造成不好的影響。這並不是因為有誰來警告我，而是我接觸過的陸生給我這種印象：只要談及跟六四相關的話題都是危險的。尤其蔡博藝在片中還戴了劉曉波的面具，我知道那更危險。

反倒是她比我勇敢，她一直對我說，妳不要那麼擔心，要怎麼處理，等剪接的時候再討論，不要自我審查。她說自己也是一個寫文章的創作者，她知道自我限制是一件難過的事情，對創作有很大的影響，她也不想當「紅筆」。紅筆即是負責審查言論的人。

我剪完第一個三十分鐘的版本，立刻給她看。她和男友看完都很喜歡。其實危險的地方還不只她參與六四紀念活動。片中有人問她：「妳一直參與台灣民主運動，會不會讓妳回去變成黑名單？」她的回應是，如果這個政權讓我無法回到我的國家，我還是會想辦法回去，因為我永遠都是中國人。她把政權、國家和人民分得很清楚，這對他們來說，是最敏感的一段話。但是，這段話一直到在影片裡最後都還保留。雖然她男友認為有點危險，但如前所述，蔡博藝很不希望自己成為一個「拿紅筆的人」，所以，我選擇維持原樣。

後來這部片在新北市紀錄片獎中得到了第一名——不過在確定名次之前，影片放在雅虎的影音平台上，點擊率竟然超過十萬，也再度讓蔡博藝爆紅。從此以後，她參與社會運動的時候，都會被人認出來。

頒獎典禮時，蔡博藝也有出席，我邀請她一起上台，也有一些媒體報導。那時候我已經開始擔心她的安危。如果被大肆傳播的話，不知道她會怎麼樣。我很矛盾，因為得獎被媒體報導，可以讓這個故事獲得更多人注意，達成我前面說的，讓台灣人看見有對台灣友善的中國人這個初衷。但另一方面，我又覺得這部片好像不適合讓太多人看到，造成她未來有可能會遭遇到政治檢查。在頒獎典禮當下，我覺得我們兩個真的好困難，於是我哭了，並且說：「希望未來我們兩個都能很平安。」我這樣說也是在打預防針，心中暗自在對對岸的政府說：蔡博藝被報導了，要是真的被怎麼樣，將會是一件會引起注意，會被討論的事情。

當影片公開在雅虎平台上播放的時候，我也和平台談妥，IP必須鎖在台灣，其他國家都不能看到，希望能夠保護她。不過，後來她並沒有因此發生什麼事，當然，一直以來她回家鄉都有被有關單位找去「喝茶」，只是從來不是針對這個片子或這個議題。因此我就更大膽了一點。

二〇一三年五月，反媒體壟斷法要立法，當時陳為廷已經意興闌珊，覺得沒什麼好玩，因為併購案已經被擋下，蔡衍明也收手，他不知道要打什麼了。那時的他年輕氣盛，只想著要衝。但那一次監督立法的三天時間很漫長，我有空檔跟陳為廷聊到蔡博藝那部片，陳為廷說：還不錯啊，但有一種吃醋的感覺。我忘記他使用的詞彙是不是「吃醋」，但大概就是這個意思——為什麼這部沒有我當主角的片竟然這麼紅。聽到他這樣說，竟然讓我有點開心，代表這段時間的跟拍不只是我一廂情願的投入，他的心裡其實也有點在乎。類似的情況也發生在蔡博藝身上。有段時間我比較頻繁地拍陳為廷，蔡博藝會隱約向我表達她的失落。這種感覺很微妙，我拿攝影機拍他們兩個，並不只是在做紀錄，好像也是一種關愛。拍他們越多次，就越被他們吸引，想更了解他們，也在意他們怎麼看待我。這有點曖昧的感覺，同時我也像是個不能偏心的媽媽。

# 我的中國經驗

我第一次去中國，是大學時候參加一個兩岸青年交流夏令營，現在回想起來，那應該是統戰活動，因為主辦方會帶我們去看天壇、故宮這類偉大的中國文明史蹟。除此之外還會安排餐會。有些人會在台上吹捧兩岸交流有多好。我當時不以為意，只是很不喜歡一直被帶去看一些豐功偉業。

即便如此仍有一些衝擊。在我的刻板印象中，認為中國是共產國家，所以預期會看到一些共產制度與生活方式，但實際上他們已經是資本主義盛行的樣貌了，和台灣差不多，到處都是麥當勞和星巴克，沒有什麼特別的地方。聽身邊一些朋友說，這叫做「中國特色的社會主義」。

這次交流團主要是去北京跟上海，看的都是都市風光。直到研究所的時候和老師、同學們一起去了趟雲南，參加「雲之南影展」，才明顯感覺到那裡與台灣的差異。「雲之南影展」在我們前往的時候已經遭中國政府關切了。本來影展是在雲南省會昆明舉行，但因為政治因素只好移往更內陸偏遠的大理。他們把影展辦在古城牆上，比較不張揚，但這樣偷偷摸摸地看影展反而有點刺激。那是我第一次親身感受到中國政府專制的一面。在這一趟中國旅程中，我依然沒有真的很深度地與中國當地人進行交流，但我喜歡雲南這個地方。因為相較於北京上海，這裡空氣很好，人很友善，也比較沒有所謂強國人的傲慢。

後來再去中國，就是去向CNEX提案了。

CNEX這個組織的理想是將紀錄片當成一個國家的相簿，他們希望每年辦一個提案會，扣著當代的氛圍找出一個能輻射出更多觀察的議題，以此訂定每年的年度徵件主題。這個組織是由三個台灣人——張釗維、蔣顯斌、陳玲珍發起的，他們想透過文化交流的方式，讓更多中國人了解台灣，也讓台灣人有機會知道中國發生的事。

相較於我，我的研究所同學都有比較明確反中意識，他們當然也會去中國、與那邊的影像工作者進行交流，但CNEX這種標榜全華人世界的組織，很容易被懷疑有中資贊助。所以他們在北京辦的提案會，現場只有我一個台灣人。因為那時候我沒有這方面的意識和敏感度，也不會去細究這個問題。

二〇〇七年，我第一次在誠品看到他們的影展，主題是「開眼見錢」。當時很難得可以看到中國的紀錄片，李軍虎導演的《父親》讓我留下很深刻的印象。我研究所讀的是紀錄片，但那時紀錄片公開放映的機會並不多。自從在那次放映中知道了

ＣＮＥＸ這個組織後，當我看到他們在破報上刊登徵案訊息，我便立即著手寫計畫書，準備提案。

二〇〇九年十月，我第一次去向ＣＮＥＸ提案。當時，金融風暴正席捲全球，所以它們將二〇一〇年的主題訂做「危機與轉機」。我參加的是短片組，篇幅不能太長，必須聚焦在金融風暴下台灣有趣的小現象，於是我提了一個短片《百萬格子小富翁》，談當時突然流行起來的一種店面經營模式：在一間小小店舖內，設置很多的方格櫥窗，分別承租給不同的寄賣者。由於大家對經濟感覺到不安，所以會想用小錢來搏大錢，於是「格子趣」這種店便一家一家地開。

以前我拍《大家一起照鏡子》的時候，我妹妹有出現在鏡頭前，但她不想露臉，所以我幫她準備了一個頭套，做成圓形選舉章的造型。在更早之前我還拍過另外一部探討七年級世代的《蘇格拉底草莓論》，那是第一部我自己拍的紀錄片，我妹也是主角之一，當時也幫她做過一個草莓頭套。所以當我要拍《百萬格子小富翁》的時候，我妹說，不做頭套這還是妳的片嗎？於是我又做了一個方格子頭套——這堪稱我的代表作——不得不自誇一下，我國中上家政課時最精擅的就是藏針縫，所以我就運用這個技術把這些頭套縫得很精美（後來我結婚拍婚紗的時候，我還叫我先生戴著它拍照）。

於是，我帶著這個親手做的頭套去北京提案。我很緊張，只想著要怎樣表達才能讓大家知道，我很想拍這部片，並且願意給我經費支援。我不擅於言詞，平常講話還好，一旦上台，腦袋就一片空白。又因為沒經驗的關係，十五分鐘的提案報告，我準備了三十頁的PPT。講到一半，我拿出這個頭套戴了上去，從評審的表情跟反應，我猜他們覺得很新奇有趣，可能也有感受到，我真的有想爭取這份補助的企圖心吧。

殊不知後來評審說，我們剛才根本聽不懂妳在說什麼，還以為妳在唸RAP呢！

這次去中國的經驗很愉快，所遇到的人都很友善，評審對我也是。同時我也發現這些中國人都很有想法，因此後來我還想再去提案。因為我嘗試過短片了，隔年想要挑戰長片。下一屆的主題是「青春與公民」，我把《藍綠對話實驗室》送去提案，我覺得這個主題根本是為我而設，因為我關注的就是年輕人與政治。當時我把它當作是《大家一起照鏡子》的續集，所以提案片名叫做《大家一起照鏡子2：藍綠對話實驗室》。在提案的時候，氣氛非常好，因此我預期應該會拿到補助。但後來公布獲補助名單時，並沒有我，我很錯愕，也很難過。到現在我還是不確定失敗的原因，我也沒有去求證。

不過CNEX當中有些成員喜歡這個提案，像是賀照緹導演很贊成我的想法，她也很想做一些促使藍綠對話的工作。縱使她完全不能接受國民黨，但她很希望讓我這個片子可以拍成，讓社會產生一些對話，所以她幫了我很多忙。

當時文建會（現已升格為文化部）有個建國百年專案，他們以CNEX為提案的單位，讓我去爭取經費。我們棄絕以歌功頌德的方式討論建國百年，試著從藍綠對話的角度提案，反省建國百年的民主發展。後來的製作成果剪輯成短版在電視上播映，裡面反省了所謂的「建國百年」——在台灣有部分人認為這是一個國家的百年生日，但對另外一部分的人而言，台灣歷史遠超過一百年。總之，這個提案順利地取得了補助。

其實CNEX裡面有兩位CEO的政黨傾向，因為其人生經歷與家庭背景的關係，讓他們傾向藍營，但他們對於藍綠對話還是抱持著一定的開放與包容。後來他們幫我把這部片報名中國西寧的影展，居然也入圍了，這讓我很驚訝，因為之前與陸生接觸的經驗，讓我覺得他們好像不敢談政治，更何況涉及統獨話題。

二〇一三年七月底，我飛到西寧去參與「西寧FIRST青年影展」。這是一次非常新奇的經驗。他們的活動非常盛大，辦在大型會館的演奏廳，有後台、後台有妝髮，這是我第一次參與這種場合，還要走紅毯。但我沒有走上紅毯。因為我根本沒想到場面會這麼大，也沒帶什麼衣服，穿得很隨便，如果走上去會很丟臉。

我在後台發了一篇文：居然在遙遠的青海參加煞有其事的電影節頒獎典禮，還要化妝，希望等會兒有機會能對國籍被冠上「中國台灣」表示點意見——其實那時候的我並不是這麼勇於表態的人，但我覺得自己背負了一個使命，其實也是一種壓力。因為在出發之前，我和陳為廷聊過，向他說，這部片入圍了中國的影展，但是國籍的名稱是「中國台灣」。他反應道：「那妳要去抗議啊！」

我說：「可是我沒辦法啊，國籍的事情不是都這樣嗎？」

「那就想辦法啊，妳可以去拉布條。」

我回說：「但我不是這種人嘛。」

他說不管，妳想辦法。不知道為什麼，這讓我覺得如果不做點事情，有點對不起他。我好像是為了不讓他失望，也開始覺得自己不應該對於自己的國籍這麼得過且過。就像陳為廷入境中國，一定會填外國人入境表，一定要走外國人通道。以前我都會覺得反正這就是常態，我們只要在心裡知道自己不是中國公民就好。但是受到他的影響，我慢慢意識到：是不是有些問題因此就被輕易放過了？你自己在心裡知道，但對方可不一定知道，他們就是覺得你接受了。

那時候我帶著ｉＰＡＤ，但還沒有智慧型手機。他們頒獎典禮都有準備一段像金馬獎一樣介紹入圍影片的ＶＣＲ，我心裡想，一定要把那支ＶＣＲ拍下來，這代表我曾來過，真的入圍過這個獎；因為我覺得自己上台的機率真的很低，總得為自己的經歷留點紀錄。正當我手裡拿著ｉＰＡＤ在錄影時，萬萬沒想到，主持人唸了我的名字，我嚇一跳，趕快把ｉＰＡＤ交給我旁邊的人——還好我當時認識了一位中國導演——她也很自然地接手幫我拍攝。

上台之後我說：

真的很謝謝ＦＩＲＳＴ青年電影展，其實我從來沒有那麼想要得到一個獎、想要上台講話過。雖然可能會有點不動聽，可是我還是很想講：我來自台灣，我的國籍上面冠的是「中國台灣」。我覺得兩岸關係是非常複雜的，需要花很多時間去對話、去了解、去溝通。我真的覺得中國大陸跟台灣的結沒有可能那麼快解開，可是我真的很希望我們可以有更多對話。然後有一天，不管我們在一起或者分開，大家都能尊重彼此……

說到這裡，台下開始鼓譟：「在一起！在一起！」

對不起各位，我自己不是非常喜歡被強加一個名稱在上面，我也希望大家能夠理解，謝謝！

下台後，我以為自己講得很委婉，殊不知還是有人對我說：「妳剛剛那樣講有點不安全。」當然也有人說：「雖然我是大陸人，但我挺你們台灣！」最後有位台下的台灣人對我說，那時候看到我們被冠上中國台灣，心裡很不爽，想不到竟然有人膽敢講出來，他聽了超感動。被他這麼一說，我突然很慶幸自己有機會在台上說這些話。

隔天主辦人打電話給我，她想要確認這段話的意思。她說有人警告他們，我這段話不太友善。我把我的意思重新表達了一次。她說果然，她理解錯了，她當時讀到的是另一種意思。她以為我要說：中國就中國，何必講中國台灣？所以她還在台下大聲鼓掌呢。我才發現原來一句話，有這麼多種被誤讀的可能性，語言的藝術也太微妙了。後來她讓我簽一份切結書，表示這些是我個人言論，不代表影展的立場，他們正式的播映也把那段剪掉了。

當時我覺得自己終於做了一些事，我一定要讓大家知道，尤其我很想讓陳為廷知道。所以即便網路很弱，我還是上傳影片，寫了一段話。

陳為廷轉貼了。他的轉貼使得讓那則消息被更多人看到。有些研究所同學也紛紛來表示我做得很好，讓我有種被認同的欣慰。

那次台灣也有一兩家媒體報導，而且我沒有因此被貼標籤，沒有人指責我「台獨」。CNEX的人也認為我做得很好——我才因此比較確認他們的傾向，他們其實是希望我們有主體性的，但是不會明說，而是想要慢慢地去創造改變。如果連他們都表示認同，我覺得我可能做得還不錯，算是有掌握平衡。

我還去了另外一個影展，在大連。

這個影展本來辦在南京，同樣因為放映的影片牽涉敏感議題，一直被關切，所以影展舉辦地也越搬越遠。我對大連的印象很好，街道很有異國情調，身處此地好像來到歐洲。中國的確每個城市的風格都不一樣。即便大城市多半很像，但因為地緣因素也會產生很大的調性差異。不過喜歡歸喜歡，我並不會因此嚮往這個國家、甚至希望自己是這個國家的一部份。

這個影展播放《藍綠對話實驗室》其實是危險的，因為他們已經被政府關切，風聲鶴唳，所以他們都在咖啡店裡放映。紀錄片實在很容易觸碰到當局的底線，因此中國四大「地下」獨立影展[3]都經常被關切。即便影片裡不一定有傳達什麼政治理念，只要他們覺得其中有可能串聯一些反抗力量，就會出問題。例如我之前去北京CNEX提案的時候，也有碰上「北京獨立影像展」。他們本來辦在比較大的場地，但是慘遭斷電，只好被趕到「栗憲庭基金會」，在一個小小的空間裡辦。

大連這個影展也是，即便在咖啡廳裡，還是會擔心有人來鬧場，也必須注意自己講話的時候，不可以超出哪些底線。結果還好，雖然我講到了統獨，但是是用一種比較溫和的態度在談「對話」這件事，所以還是順利過關。

中港行

在規劃《藍綠對話實驗室》續集的時候，我申請了國藝會補助。國藝會有兩種補助，一種是專案補助，一種是常態性補助。常態補助最多五、六十萬，專案補助是一百五十萬。我很務實，我知道自己經驗不算豐富，因此不期望能申請到專案補助，而選擇申請常態補助。我提出計畫，預計製作期程是四年，從二〇一二年拍到二〇一六年，沒想到真的成案了，我得到三十八萬補助。但是憑著三十八萬要撐四年是不可能的事，所以同時也一直在找經費、找資源。會先階段性地做出一個短片去報名新北市紀錄片獎，也是基於這個考量。對於一個創作者而言，我不確定這是不是一件好事。為了取得經費，我得一直做出自己認為還不夠沈澱、不夠好的階段性成果，以換取我能夠繼續完成（作品）的經費。有些人甚至會覺得我是不是一直在消費同樣兩個人。但另一方面，這樣做也有它正面的意義，在於這兩位拍攝對象可以透過階段性的成品，知道我怎麼看待他們，怎麼處理這些影像，因而可以建立更深厚的信任感。總

3 包括北京、南京、重慶與雲南四地的影展。

之，憑藉著補助金三十八萬，再加上兩次新北市紀錄片獎的獎金，三十三萬加二十五萬，與最後得獎的十萬，加起來共有一百零六萬，總算讓我在四年之中不至於入不敷出。

從國藝會申請到的三十八萬，其中有將近二十萬花費在與陳為廷、蔡博藝等人的中、港行。這趟旅行的時間是在二〇一三年七月，就在我去西寧參加影展之前。

反媒體壟斷告一段落，我訪問陳為廷，向他提出這趟旅行的構想——我說，我贊同吳介民老師理論中的台港中公民社會，想試試看，親身去一趟香港和中國，以這趟旅程作為實驗——吳老師的理論陳為廷比我還熟，所以他很有興趣，而且他也沒去過中國，不排斥去看一看。

陳為廷先打了個電話給王丹。因為反媒體壟斷運動已經讓他累積一點名聲了，不免有點擔心到中國會不會發生什麼事。王丹說，你要小心啊，也不是不可能被發生什麼事，但是不管，可以先去辦台胞證。辦台胞證是一個測試，如果辦得出來，出事機率就不高。結果台胞證順利辦下來，陳為廷還有點失望，代表他當時的影響力還不夠大！但，這樣至少我們可以去中國了。

下一個問題是，要和誰交流？我一開始還是先聯絡我和陳為廷認識的幾個共同朋友，他們多半來自「北斗網」。這個網站創立於二〇〇八年五月，是由中國各地的大學生（可能也有一些台灣學生）自發管理運作的思想平台網站。他們做時事評論，但用語頗為溫和，標榜自己是在做「青年自我啟蒙」，以人文、生活為主題。

刀哥是北斗網裡的重要人物。陳為廷覺得刀哥有種自詡為中共對外發言人的調調。但刀哥真的知道很多、人脈很廣，這點確實厲害。北斗網在中國各城市都有可以接頭的人，每個地方都有人在寫東西、評論時事。所以刀哥和我們說，不管你們要去哪裡，我們在那邊都有人可以接待。於是我們開始規劃路線，行程總共十四天，前四天在香港，後十天在中國。刀哥很希望我們多跑一些地方，因為中國那麼大，每個地方都不一樣，沿海城市就已經各個不同，如果能拉到內陸，那又是另一種風光。但後來我們真的沒辦法跋涉到那麼遠，所以只選定了幾個非去不可的地方。

最具指標性的北京、上海一定要去，尤其陳為廷是第一次去中國，不能繞過這兩個城市；蔡博藝家在浙江湖州，離上海不遠，也要順道去一趟；另外，我們從香港過去，會路經廣州，這裡是刀哥的地盤，在中國以坦率敢言著稱的媒體《南方周末》也在廣州，必須去見識一下；最後是廈門，因為刀哥說廈門和台灣很像，也應該去看看。最終我們的路線就決定是：香港、廣州、廈門、湖州、上海與北京。

只有十天的時間，要能跑完這些城市也已經很多了。和我們同行的一個女生還嚴重水土不服，臉腫了好幾天——這個女生在《我們的青春，在台灣》上映之後，很多人都好奇她是誰？是不是陳為廷的女朋友？——並不是。

原本除了立場偏綠激進的陳為廷，我也想邀請立場相反的林家興同行。但他臨時有些任務在身，於是就幫我介紹了這位女生。她曾經參選過國民黨青年團的團長，在政治方面很有理想抱負，而且她剛好在中國政法大學當交換學生，所以可以節省下一個人的機票費用。可惜的是，受限影片的篇幅我無法多介紹她。又因為我在拍陳為廷時，一旁的她無論如何都會入鏡，只好讓她一直被誤會。本來我想找立場相對的人一起去，是想看他們能否在討論上有點交集，不過在整個行程中她比較沒有表現出主動論述的企圖，所以到了中國之後，都是為廷在和中國、香港的學生交換意見。

但她並非沒有自己的想法。陳為廷在北京的時候會穿著紀念二二八的T-shirt、手比了六四和中指拍照。而她在中國遇上六四的時候，曾經拿著一張紀念六四的蠟燭照片，偷帶手機，通過安檢，上到天安門的牌樓上自拍了一張。陳為廷誇她是奇女子。

陳為廷和中國學生聊天都是先以《第三種中國想像》破題，頗有要和對方串聯的意味。會和我們見面的人，基本上都是有反抗意識的，但那種反抗很溫和，並不是像台灣這樣會上街頭或佔領公部門。他們會反過來說，上街抗議不見得有用，可能會理盲濫情。不如像他們一樣用網路、文字，以幽微的方式累積能量，細水長流。

我們在廣州的時候去了《南方週末》見一位在南方報系裡待了很久的老先生。陳為廷向老先生分享《第三種中國想像》、反媒體壟斷的時候，老先生言談間吐露出「有必要這樣的嗎？」的困惑。老先生認為民眾應該有能力去判斷他們看到的東西。

從幾次和不同人馬的對話中可以看出，雙方的處境相差太多了，他們要對抗的東西和我們完全不一樣。他們要對抗官方的壓力，所以重要的是媒體把報導刊登出來讓大眾看見。他們無法理解我們原本就已經可以很自由地去談論各種事情了，現在卻面臨另一種對民主的挑戰，就是帶有特定立場的壟斷性媒體破壞資訊的公平與公開流通。

在和中國人交流時會感受到他們有一種內在矛盾。面對中國內部時，他們覺得中共官方的勢力很可怕、很龐大，但一旦對外講起中國，他們的愛國心會油然而生，覺得中國也沒這麼可怕，不要把中國想得那麼壞。這個狀況其實在蔡博藝身上一開始也有，有種像是自己家的孩子自己才能罵，如果你們要罵我們的國家，那你們自己也沒好到哪裡去的感覺。

在廈門的時候，陳為廷曾和一個年輕人在屋頂上聊天。那位年輕人在討論過程中表示，我們做什麼都不會有用，最後世界還是繞著資本轉，所以他質疑：你們在台灣做那些運動真的有用嗎？陳為廷回應，你這有點虛無主義啊，不用那麼虛無吧。那個年輕人想想，也有些氣餒：「真的也是，我都有點討厭自己了。」為此，陳為廷不禁興起想要激勵他們再做些什麼的意圖。

這段對話很好，充分體現了在不同政治實體下，兩方年輕人的態度，本來也有剪進《我們的青春，在台灣》。但當我把那段素材寄給當事人看時，這位屋頂上的年輕人卻希望我刪掉。一方面是因為他現在在國營企業工作，這段影片讓他有些疑慮，另一方面他表示自己現在的想法也與當時不同了。所以我只好把整段刪掉。

這位年輕人本來隸屬於廈門少數的地下組織，這組織說實在也不是很激進，反而很文藝，讀刊物、看電影、玩音樂，有點嬉皮的味道。即便如此，那個聚會的地方還是被關切過，後來人數越來越少就無以為繼了。

坦白說，這樣的討論未必能激起他們的動力，反倒是讓我們理解到他們的處境。對他們而言，反抗體制要承擔的成本比我們多太多了。即便像北斗網的策略這麼溫和保守，寫些在我們看來不痛不癢的文章，也還是一直被抄。他們也印過紙本刊物，但有時候剛印出幾箱就全被抄走了。

當時他們正準備在廈門進行一次大型集會，中國各地北斗網的成員都將聚集到此。我們因為行程的關係沒辦法參與。但在我們要離開的那天之前，聽到廈門的主辦人說，他被請喝茶了，還被軟禁，關在他宿舍的某個地方一直被訊問，他父母更從幾個縣市以外被請到廈門，目的就是要他們停辦。

離開廈門那天，陳為廷接到刀哥的電話，他已經到了廈門，但發現聚會被停辦了，只好趕快買機票飛到別處避難。我們過往掛在嘴邊討論的威權政治，突然降臨到眼前，變得非常有臨場感。他們不像我所想像的那樣有機會去做點什麼，我們也沒有立場指責他們不夠勇敢。對中國政府來說，只要有很多人聚集在一起，就足夠讓他們敏感與懷疑，儘管你根本沒有要做什麼。甚至連我們自己也變得緊張兮兮。在那裡，不管我們要見誰，都會先跟刀哥報備，因為我們很擔心會牽連到他們。

接著去湖州找蔡博藝，這是最不政治的行程。因為蔡博藝並不是會一直討論政治相關議題的人，另一方面她在台灣讀大學，其實沒有深刻的中國政治體驗。前面說的這些中國大學生所做的地下小反抗，她都沒有在中國經歷過。

蔡博藝帶我們去南潯古鎮，那裡有座中式庭園叫小蓮莊。裡頭淨是小橋流水、江南風光。門票很貴，一個人要一百塊人民幣。蔡博藝覺得不應該收這麼多錢，正好我們碰上庭園外有個帶人逃票的，他說這本來要一人一百塊，我帶你們走別的地方進去，五個人一百塊，但我們每個人要從不同入口進去再會合。

因為是混進去的，所以裡頭有些地方需要出示票券，我們就無法進入。蔡博藝還考慮要不要補買票，她真的比較老實——因為有些人在那樣的情況下會想要走一些鑽漏洞的途徑。但她個性有點一板一眼，這可能也可以解釋她為什麼總是這麼堅持程序正義。陳為廷反倒在旁邊嚷嚷不用啦，妳很老實欸。這可以看出他們兩個人個性的差異，我本來也有放進這一段，但後來片子太長了只好割愛。

後來去上海，也都是北斗網的人來接待。陳為廷穿了人社系的衣服，上頭是馬克思、涂爾幹跟韋伯三個頭像，這居然變成彼此的交集。陳為廷說我們唸社會學都是要讀馬克思的，我們信奉他的學說；那邊中國的年輕人回應：我們也唸馬克思。也許陳為廷與中國學生各自理解的馬克思不太一樣，但仍然可以從他們共同相信的一些事情，嘗試找到交集。他們看不慣我們用戲謔嘲諷的語氣批判他們的國家。他們和陳為廷一樣會唱共產黨宣傳歌曲、江濤的〈入黨申請書〉，蔡博藝反而不知道那是什麼。在這種時候，反倒她還離中國人比較遠。可能因為我們接觸到的都是這種人，縱使有些意見不一樣，但在理想方面還算是同溫層，對待我們都滿友善的。

路上我們遇到一個路人來向我們搭訕。他說你們台灣來的呀，那想跟你們換個台幣。他說，哇可以換這麼多啊，當他發現一百塊人民幣可以換五百塊台幣，眼神瞬間露出一種優越感。

這個人離開之後，陳為廷說：「這滿有趣的欸，強國人的思維。」和我們聊天的中國年輕人說：「一般民眾的想法就是這樣子，比較少人像我們這樣。」

我們去北京的時候，也見了一位媒體人X。我們造訪的時候，他已經被關切了，並且被監聽，因此他特別提醒我們要謹言慎行。和X實際見面的過程也還算順利，陳為廷依然向他談《第三種中國想像》。他說這聽起來很理想，「但我還真的想不出來，能一起做些什麼？真的想不出來，因為情境差太多了。」他認為我們能做的應該就是互相報以同情吧，能同理對方處境就很夠了。

另外，有位北斗的成員也來一起聽，他問說，台灣有沒有可能扮演一個政治庇護的角色？我們說這好像也做不到，一般人真的不知道能做什麼。

講著講著，我們忽然意識到自己並不清楚這位旁聽者的來歷。X一直暗示性地問我們，那邊那位是誰；搞得陳為廷也有點擔心：他會不會是職業學生？我才意識到原來需要擔心這些事，在中國，人和人的信任感真的會比較低。

整趟旅程算是風平浪靜，似乎沒發生什麼事。不過，在我們看不到的地方，也可能正暗潮洶湧。後來我們才知道，某些時候我們是被監視的。或者有些和我們接觸過的人，事後會被找去喝茶，被詢問我們在中國大概發生什麼事。另外，在中國買車票是實名制，要用台胞證。我們當時買車票不方便，請人幫忙買，這些都會留下交易紀錄，成為他們循線監視的線索。

這趟中國行，我們遇到的人還是以學生、知識份子為主，對我們相對友善，比較沒有接觸到產業界的人，缺乏這一部分的觀察。至於香港行，我們參與了七一大遊行[4]，跟黃之峰以及香港學聯的年輕人碰頭。但到了二〇一四年九月底發生雨傘運動的時候，主導者已經換了一批人了，先前我們遇到的人都已經不是主要發起者了。

## 三一八的缺席

結束中港之旅，回台灣之後，我開始覺得疲累。雖然每隔一段時間還是會找陳為廷出來聊聊，但是我開始有點不知道這部影片要如何繼續。

另一方面，我也忙著在做電視節目，獲得的經費才足以讓我繼續生活與拍片。我當時幫公視做一個節目《我的夢想APP》，也是在拍年輕人，總共二十六集，一集三十分鐘。這個節目概念是我的發想，也找到一家好心的製作公司願意和我合作，讓我擔任總企劃，算是製作人之一。我找朋友一起合作，每個人負責幾集。每集之中會有三個人，一個高中生、一個大學生，和一個社會人士。高中生會有對未來職業的夢想，我們就帶他去找就讀相關科系的大學生，然後再帶他們一起去找該職業的社會人士。我希望透過這個節目，讓正在選擇未來職涯的高中生和大學生，可以提早對自己的未來有更多想像。我也趁機做了一集「我的夢想是改變社會」，帶著一名參與社會運

4 香港於每年七月一日舉行的大型遊行。第一次舉行的時間是一九九七年，但規模較小。二〇〇三年因為反對《香港基本法》第二十三條立法而上街遊行，此後每年舉行，由民間人權團體主辦。

動的高中生去觀摩清大人社系，以及了解人社系學生畢業之後的出路。

因為同時在做這許多事，精力有限，就很難認真追蹤陳為廷和蔡博藝的動向了。另一方面，反媒體壟斷到了後期已經不知道還能做些什麼，針對先前募款得來的經費，他們也討論是否要轉去協助其他議題。那時候他們也已經注意到服貿的事情了，但我因為一直在忙，所以不知道他們進展到什麼地步。

那陣子的社會運動越來越活躍，大家也越來越想佔領行政機關。我們從中國回來之後，不久就有「八一八拆政府」抗議政府浮濫徵收，當時大家成功推翻了內政部的鐵門，佔領了內政部的門口，這是我第一次在運動中看到鐵門被推開。那天陳為廷很晚才出現，當時他已經有點知名度了，不是很想被譏諷為收割成果。蔡博藝則剛好在中國，沒辦法到現場。她在網路上看得很激動，很懊悔為什麼自己不在。那段時間我們都期待真的可以改變什麼，哪一次的行動有突破，都會想要親身參與，至少我和她都是這樣。但事後還是不免有種不了了之的失落。

我開始變得有點消極了。反媒體壟斷監督立法，陳為廷往立法院衝的時候被夥伴罵，我也意識到不能一直亂衝。沒有進展、沒有結果，只是一直衝，真的能改變什麼嗎？漸漸地，當在臉書上看到有運動衝場討救援，我已經不太有動力了。沒想到，這導致三一八那天晚上在陳為廷他們衝進立法院的時候，我缺席了。那個決定性的瞬間來臨時，我竟然不在場，漏失了最重要的鏡頭。事後我非常懊悔。如果一直都不知道會發生什麼，也就罷了，但當時我其實隱約有些預感，應該是可以追蹤到的。

二〇一四年三月十八日晚上，他們辦了反服貿的晚會，臉書河道上陸續看到一些現場照片，隱約感受到今天可能會有事情發生。我那天稍早雖然有事，但晚上如果真的要去現場是有可能的，只是我妄自以為他們就算要衝立法院，大概很快又會被警察丟出來，結果總是不了了之，所以我沒有去。

等到有人直播，他們在立法院議場內疊出椅子山，把警力擋在門外，我看得目瞪口呆——我一直在期待他們衝場成功的一天，沒想到他們真的成功了，我竟然不在場。整個晚上我都非常焦慮，徹夜難眠，一直在想，我現在該去嗎？現在出門來得及嗎？情況這麼不明朗，我進得去嗎？而且我從沒參加過守夜，到了現場，我要做什麼？我坐在電腦前，盯著螢幕看直播，一直看到兩、三點。最後我下定決心，好吧，明天早上再去。可是整個晚上我都睡不好。

對於漏失關鍵鏡頭的懊悔，我在剪輯《我們的青春，在台灣》的時候，並沒有放在最早的版本裡面。因為這對一個紀錄片導演而言很沒有正當性，我拍了這麼久陳為廷，卻沒有拍到他最重要的時刻，講出去真要被人家笑。猶豫了很久，想到一路上正是因為自己有這麼多軟弱的時刻，才慢慢型塑我成為現在的樣子，這次的遺漏與懊悔也是「我」的觀點中不可或缺的一部分；而這樣子的我，也可能是一部分大眾在關注社會議題時的心情寫照吧，所以才決定把自己當時的無力感與後來懊悔都放了進去。

三月十九日早上，我九點多出門，十點多到現場。本以為出了捷運站應該會和平常很不一樣，結果好像什麼事都沒發生，捷運站一如往常地平靜。一直走到接近立法院，才開始看到人群，我觀察了現場狀況，一時間不知道怎麼進去。

## 不得其門而入

我像無頭蒼蠅一樣在立法院外面繞，很想要趕快進到議場。後來發現唯一的入口在青島東路，那裡有座梯子可以爬進院內。我觀察了許久，好像不是所有人都能進去，但如果裡面有認識的人，也許可以。由於我認識的人不多，心想陳為廷當時一定很忙，所以我向工作人員講了另一位朋友的名字，但他們一直找不到那個人，無法確認是不是能讓我進去。所幸前面有一批獨立媒體記者正要入場，我順勢表明我要拍紀錄片，才隨著他們一起進入二樓的媒體看台。接著又一起混進了立法院二樓，現場很混亂、也不會有清楚的指示，我一直在搜尋，到底陳為廷在哪裡？好不容易看到他，我這才鬆了一口氣。

接著，我想辦法下去議場。因為很多路口被堵住，我花了好大一番力氣才成功。但陳為廷當時忙得很，我仍然沒辦法馬上和他講到話。好不容易抓到空檔，他才知道我來了。

由於佔領行動剛開始，大家都很擔心會有下一波警察攻堅，不斷討論著要怎麼守住議場。所以那時候我跟著大家一起在提心吊膽，還沒有辦法思考究竟在這個場合，我該拍些什麼。現場也一直有假消息，例如謠傳誰送了什麼東西進來，盆子裡、水裡面有武器之類的，或是有人說保五總隊如何開始動作、警方在幾號門開始動員了起來。當然，我也偷偷希望場子能動起來，因為我已經錯過了前面大家在堆椅子的這段，如果能拍到攻堅的過程，我比較能夠宣稱自己有參與其中。因為議場內只發生唯一一次攻堅，我沒遇上，之後警方就不再嘗試清場了。

議場內的大家仍然亂成一團，現場還沒有任何任務分組，誰要負責什麼都還沒有定論。連上廁所怎麼辦都不知道——因為廁所一度是被堵住的，後來他們只好在議場裡搭起了一個臨時克難的小空間，放桶子、鋪塑膠袋作為廁所。

我再和陳為廷講到話的時候，現場分組的雛型已經慢慢定位。他跟我說，妳看原本那麼亂，現在有分組、有物資，我覺得很棒耶。他覺得，這次在議場裡一起工作的很多都是第一次參與運動的素人，沒有社運青年常見的情緒與慣性，大家都很熱心，也不會拒絕做事情。

現場的決策機制慢慢在形成，開始會有一點爭執：到底誰是負責決策的「主政者」？而且既然有了分組，就應該要開會了，但是會在哪裡開？我能不能進去？這個問題變成我在場內最主要的關懷。我抓到空檔就問陳為廷，現在要幹嘛？他總是說，他很忙，每天要開四、五次會。我就想，為什麼我都不能參與？後來，透過現場認識的朋友我才知道開會的時間跟地點，並設法詢問我能不能參加。

在我最後完成的《我們的青春，在台灣》片中，有一段提到我一開始是被擋在工作會議外的。這是一個漫長的過程。我對於被拒於會議之外感到不能理解，但我又不方便要陳為廷幫忙。他總是說：妳自己想辦法。他的角色不適合直接把我帶進去，這樣會顯得像在耍特權。我只好透過一位蔡博藝的朋友——他常出現在片子裡，拿著攝影機蒐證（因為和警察互動的時候必須自行蒐證，事後才有證據伸張自己的權益）——他知道留下影像紀錄有重要的意義，所以協調了會議中的成員，幫我詢問大家：有位導演想要拍攝，但她保證兩年之內這部片子不會外流，以免成為警檢起訴參與學生的呈堂證供。畢竟，他們佔領的是立法院，參與決策會議的人很可能最後都必須負擔法律責任。他請大家投票。決議結果是可以，我才終於進入到工作會議。

我第一次可以進去工作會議的日期，已經是三月二十七日、或二十八日了，當時運動已經進行了快十天。而且也已經發生了三二三行政院行動——那是在運動第五天的事。馬英九在三月二十三日出面召開國際記者會，重申簽訂服貿的重要性，強調不會撤回協議，甚至質疑學生的行為是違法佔領。那天是星期天，可以預見，星期一開始運動的參與者應該會變少，所以群眾的氣氛十分浮躁。因為感到從一開始成功佔領立法院至今，已經來到了一個停滯期。大家都很焦慮要怎麼進行下一波行動讓運動能量延續。結果，就有了三二三的行動。

討論三二三行動的會議我也不得其門而入，只是一直聽到風聲。我跟蔡博藝去過三二三行動的決策中心——台大社科院，但她所知也有限，不知道他們怎麼開會。這個決策組織的產生，大抵是在立法院議場內的小政府逐漸成形後，原本一直跟陳為廷、林飛帆兩人一起做社會運動的夥伴，像是張之豪、張勝涵（他們在江偉華導演的《街頭》中是主角）等人，深覺立法院裡面的人動能有限，所以想要在社科院成立一個外圍總部，但他們並沒有實權。當時陳為廷等人已經感受到這是主導權之爭，到底是哪邊在主導運動？是立法院議場內，還是社科院成立的中心？我覺得最主要的問題是場內網路很差，雙方資訊無法有效地互通，議場內的人只能內部討論、做即時的決定，這讓社科院這邊的人感到不快，因此曾經嘗試把議場內的人拉到外面來開會。於是陳為廷、林飛帆等人幾度前往社科院和他們開會。很可惜我沒有跟到。因為我沒有從頭開始跟著陳為廷，而且他們要衝服貿議題之前，我已經有段時間沒有跟拍他了，關係沒有從一開始就建立好，所以我無法時時刻刻緊貼陳為廷，也沒辦法馬上進到決策核心當中。

我只能一直待在議場裡，在講台旁邊等待看誰要講話、觀察陳為廷在哪裡。只有他出現在議場的時候我才能接觸到他，一旦他去了別的地方我就跟不到，因而錯失了很多重要片段。

那段期間的會議，我一開始很難掌握確切的地點，後來比較固定下來。在立法院內會有個「工作會議」，成員是由學生組成的。我也明確知道，在外面一處NGO的辦公室，會開「聯席會議」。所謂聯席會議，就是NGO和學生的聯合席次會議。當時社科院的人馬已經差不多都「出局」了——不是被出局，是他們本來就不想和NGO合作。成立社科院中心的這群人，一直覺得大家太規矩，NGO尤其保守，所以合作意願不高。

總之，「聯席會議」才是真正決策所有事情的地方，所以它最神秘。「工作會議」其次。我幾經斡旋，終於可以進到「工作會議」，但仍然一直在嘗試進去「聯席會議」。有一次我問陳為廷可不可以參加，他說妳去試試看啊，於是我真的帶了攝影機進去，但我會前還是得徵詢大家可不可以拍攝？負責主持的老師只說了一句：這樣不太好吧。我就沒機會了。

我可以察覺到，有人對拍攝是帶著戒心的，他們很注重形象。我對此很不認同，那麼注重形象，和我們在對抗的人有什麼差別？我那時候是這樣想的，但也無能為力。後來，也有其他導演想拍，畢竟只要是紀錄者都會很想要了解決策核心到底是什麼。由於這位導演和「聯席會議」裡的成員比較熟，終於被准許入內拍攝一小段「會議」，但那次只是一場沒有重要決策的事項報告而已，此後就無法再拍。於是，感覺上「聯席會議」成了一個黑箱，一個很神祕的、一般人無論如何都參與不到、也不能留下任何紀錄的地方。陳為廷說，裡面也沒做出什麼不可告人的決策，但因為嚴格阻止外人參與，反而會讓大家前仆後繼地想要進去。

至於立法院裡的「工作會議」則是越來越多人參與在其中。因為小組本身也一直在自我檢討改進。就像我影片中拍到的那樣，有許多參與者被拒於會議門外，心情非常不快；後來他們選擇越來越開放，導致會議越來越龐大，意見越來越多，會也越開越久。這真的是一件非常兩難的事情。

在討論過程當中，一直有人表達想要進去「聯席會議」。「聯席會議」採代表制，而且每個工作組別只能有限定額度的代表參加，如果你不在這個席次裡，也沒有旁聽席，這時候誰能代表出席就會成為爭議的焦點。好不容易決定了由誰代表，又會有人想出面推翻。

比較晚才加入「工作會議」的成員，總是會表達很想進去「聯席會議」，但他們不會被分配到席次。由於編組持續擴大，一些從事影像紀錄、文字紀錄的角色想要成為正式編組。例如在那段期間有一個團隊會在臉書上寫一些小故事，傳播運動內部正面的形象，他們也很想要成為正式編組的工作人員。主持會議的人問他們，為什麼要進入正式編組？有成立這個紀錄組的必要嗎？其實他們想要成為正式編組，就是為了要參與「聯席會議」，否則無法觀察裡面的狀態——這其實跟我很像。當然，主持人也會提醒他們：你們要想清楚，如果你們想要佔有席次，那麼你們就是代表我們這個團體裡面的觀點；作為一個紀錄者，你們是要超然於這個運動、在外面紀錄，還是要在運動裡面，成為運動的宣傳呢？這是不一樣的。他們也有了猶豫，最後應該沒有進去。我想說的是，因為「聯席會議」有這些限制，吸引了想從內部觀察整個運動的人，前仆後繼地提出要加入的要求，但如果真的進去，成為了參與者，對紀錄者而言，又會出現角色模糊的問題。我一直沒有正式的在編組裡，但弔詭的是，我拿到了一張工作人員的工作證。

拿這張工作證最大的作用是讓我可以自由進出。本來我進出場內外不但要爬梯子，還得請議場裡的人來帶我進去。三號門那邊是另一個入口，有警察擋著，進入要請立委幫忙。但請立委幫忙很麻煩，要溝通老半天，對方又不會一直記得你是誰，所以總是一直在麻煩別人。直到慢慢發展成有編號的牌子。我問糾察組的人我可以拿一張嗎，對方同意了。但我到底算不算是工作人員呢？這仍然是很模糊的。

## 蔡博藝會來嗎？

三二三政院行動之前，陳為廷等人不免感到內外交迫。他們一面要對付政府、打馬英九，又要面對外面頻頻傳來的消息，彷彿有誰要來奪權。現場消息非常混亂，決策也變來變去。三二三當天，我原本聽到的消息是要準備聯合外面的人打通三號門，因為那邊仍然被警察佔據，而許多運動參與者覺得這很變態，明明我們已經佔領立法院了，為什麼有些地方還有警察駐守？他們畫了立法院的平面圖，研擬打通三號出口的策略。陳為廷最早是和「捍衛苗栗青年聯盟（捍苗青）」的朋友一起來的，其中有些人沒有進到議場。而我就和這些人一起行動，三月二十三日的下午，我和他們一直在待命。

但到底這些人有沒有要衝呢？好像又沒有。傍晚，我和他們一起到行政院對面的喜來登，等了老半天，心想，為什麼要在立法院打通出口，卻帶我到這麼遠的地方呢？到了七點多的時候，突然有人喊了一聲衝啊——一群人就朝行政院衝了過去。我當時覺得情況非常混亂。其他有些人似乎本來就知道行動標的是行政院，但「捍苗青」的人可能不太清楚。這些衝在第一線的人手無寸鐵，沒有攜帶任何工具、護具，甚至沒戴手套就徒手搖晃拒馬。隨後才陸續有人送來手套、在蛇籠拒馬上鋪棉被。但我翻進去的時候，這些防護措施都還沒完成，所以後來「捍苗青」的人很不能原諒主張帶頭衝行政院的人，因為他們真的受傷了。

蛇籠拒馬的尖銳與鋒利，我穿著鞋子踩在上面都仍能感受。然而，就像我片子裡面講的，真的有人會願意伸出援手把你抬起來，協助你翻過去。

但是進去之後，我再度像隻無頭蒼蠅，不知道要何去何從。我於是想，蔡博藝會來嗎？因為我主要目的就是拍他們而已。我很想要參與一些什麼，但他們兩個都不在的時候，我會有一種不安全感。但同時我又不甘心，希望自己能做些什麼。

我打電話給蔡博藝，她本來在行政院外面，但講著講著她就進到門內了。當時大家已經合力把門推開，其他人可以直接走進來。隨後有人搭起梯子，朝行政院辦公大樓進攻。蔡博藝不能太靠近，只能在外圍觀看。我和她一起在外面看。那時候，大家都很興奮，誰都沒想到接下來這會是一場流血的行動。

大概一兩小時之後，我和蔡博藝都收到一封簡訊——只要曾經待過社科院、留下資料的人，應該都有陸續接到：

嗨，這是社科後勤基地。請沒有公事的朋友速速回來！

對我來說，這封簡訊是個謎。我想行動不是正在如火如荼地發生，為什麼就要回去了呢？剛好蔡博藝也不能待太晚，她男友會擔心，所以我們就一起離開。回到社科院之後，什麼事都沒有。大家聚集在一起，也不知道要做什麼。

就在此時，我又接到了一封簡訊。這次是一封真正的假消息：

行政院是餌，警察要攻堅立法院，請趕快回防。

那時候我很緊張，我所有的行囊都在立法院裡，尤其是我的 mini mic 也在裡面。如果要攻堅，如果大家真的都被撤走，沒有人會幫我保管這些東西，所以我想趕快回去。另一方面當然也是想回去看議場的情況，因為陳為廷還在那裡。我當時真恨不得有分身可以一邊拍蔡博藝，一邊拍陳為廷。

回到立法院之後，我又無法馬上進入議場，只好再請陳為廷出來帶我。我不想一直麻煩他。進去之後，我決定不要再出來了。

過了一陣子，有風聲說，行政院那邊要發動鎮壓了。一來我沒辦法輕易進出，二來對於鎮壓我其實會怕，幾經考慮，決定守在議場裡。當下很無力，什麼事都不能做，也免不了有點自我質疑。

鎮壓開始的時候，在議場裡的大家一片愁雲慘霧。我也很想知道陳為廷到底怎麼想。但當時氣氛很凝重，大家都不說話。

後來陳為廷去開會了，我只能看看議場內的大家到底在做什麼。有人提議，在裡面的我們要不要討論做些什麼呢？於是大家分成一些小組，討論了起來，但實際上不能做什麼。

到了第二天，三月二十四日，議場內的決策小組決定要站出來，一起譴責警方暴力鎮壓，並且在三月三十日舉行大遊行。

而我仍在嘗試要怎麼樣能進去拍攝。三二三之後大家都籠罩在一片愁雲慘霧之中，沒有什麼新的行動。蔡博藝時不時會進來立法院內，但她開始主動在追查：誰是三二三政院行動的主導者？當時，大家都不知道，沒有人對這點承認。蔡博藝很不能諒解，因為三月二十三日聽說會有行動的時候，她召集了一些朋友來，有些甚至是陸生。蔡博藝覺得自己沒有盡到保護他們的責任，她把這些人召集過去了，自己卻因為簡訊的指示而退回社科院，結果留在行政院現場的人遭遇到警察的暴力。她很不能諒解決策的人不出面負起責任，四處探問到底誰是負責的群體。

蔡博藝自己開啟了一連串真相調查，立法院裡的人也組成了一個真相調查委員會。他們選定要開會的日子，是在我可以進入「工作會議」的隔天，但這場會議我又被拒絕進入，因為牽涉到內部形象問題。

我一直思考，自己要不要去參與三二三行動幕後主使者的後續調查？其實做社會運動的人，本身也有一些應該要承擔的責任，但這個行動給我們的印象卻是：發動者事後躲起來了。蔡博藝對此非常不滿，她認為：你們如果這樣面對事情，有什麼資格指控那些以前做錯事的人不敢面對轉型正義？我一直在想要不要緊跟這個議題。但這件事情很敏感，對運動的形象會造成傷害，比議場內外的民主議題還要嚴重。我抱持著先跟跟看再說的心態，但蔡博藝卻似乎想獨立追查一些事情。由於部分真的很敏感，或是有些場合只能錄音不能錄影，甚至錄了音也不能外流。我覺得可能追蹤不下去，於是放棄了這條線，專注在「工作會議」的拍攝。

## 講重點！重點！重點是什麼？

立法院內的「工作會議」每天都要開三、四個小時的會，我就每天在那裡拍三、四個小時。剛進去的時候，我只能努力理解他們究竟在討論什麼，讓自己不要再錯過任何鏡頭。但聽著聽著，我開始覺得這個過程滿重要的。因為他們在討論中常常會質問到民主的本質問題。怎麼放梯子、如何讓人進來、誰可以放行誰不行，這些看起來很像庶務的事情，本質上都是民主的討論——誰有權對此做決定？類似的討論每天在會議裡都會出現一點，某種程度也反映了運動的進程。

過程當中，一直有會議成員以外的人想要進來參與——這部份，後來我在紀錄片中是用旁白來處理說明的，但實際上在現場，我經常拍到大家第一次來到會議的時候。他們一開始都會怯生生地表示，想要參加會議，後來就會質問，為什麼我們都是看報紙才知道發生了什麼事情？我在二樓那麼久，怎麼都沒有人找我們來開會？再後來，就開始對這個會議極度不爽。我曾經完整記錄到一位夥伴在會議裡面的成長過程，想以旁白放入《我們的青春，在台灣》，但篇幅實在太長了，剪不進去，我才決定讓自己就化身為那個角色，呈現我自己就是那個想進來，後來對這個地方非常不爽的人。

我所拍到最關鍵的段落，要屬退場事宜的討論。前面發生的事情雖然有趣，但流於瑣碎，對一個在拍片的人來說，剪輯的時候需要turning point，三二三行動可以算是一個。但就拍攝「工作會議」而言，turning point就非退場討論莫屬。

在討論退場的「工作會議」之前，我跟蔡博藝還曾在社科院參與一個活動，他們希望大家集思廣益，討論運動要怎麼走下一步。有些運動外圍的人士也被准許參與，過程很像辦營隊，大家分成幾組，用海報寫下各自的想法，陳為廷也參與其中——所以我才會在場——但結果參與完這個會議，「工作會議」上居然就開始討論退場。一位主持社科院活動的女生覺得很錯愕，運動不是要繼續下去嗎？怎麼就要退場了？外面的人都還不知道耶，要怎麼向大家交代？事實上，在「工作會議」之前，已經開過一次「聯席會議」，當時早有定調，最好的方案就是在週四退場。

林飛帆等人於是帶著這個在「聯席會議」中決定好的「最好的計畫」，到「工作會議」現場說服所有人。但大家聽他解釋，越聽越不爽：原來你們已經有計畫了，我們只是來接受說服而已？你們說要集思廣益根本是假的。但既然有人提出質問，就會產生討論，林飛帆列舉了種種考量，一條一條列出來，大家好像也漸漸被說服了。

可是這時候就又有新的討論者進來，因為會議場地的門半掩著，除了媒體之外，大家都可以自由進出。新的討論者又覺得很錯愕，又提出質疑。於是大家才剛剛取得共識的問題，又得重新說服一遍。那天晚上就這樣開啟了一輪又一輪的說服，到了凌晨一兩點還是沒有結果。

一位守在二樓的夥伴非常不高興：「我以為大家是要來討論，結果你是要我帶著這個決策回去跟我的組員報備，這哪行啊？」他認為，至少要讓他回去跟大家討論看看，大家的意見如何，否則他沒有立場直接跟大家做這樣的公告。

幾經折騰，只好宣布這個退場決議暫止，隔天早上再說。為防消息走漏，林飛帆在現場與大家約法三章，如果媒體提問，大家要口徑一致：我們還在討論。他還在現場進行了幾次模擬問答，如果媒體提出問題一——我們還在討論。問題二——我們還在討論。問題三——我們還在討論。

當日結局還算平和，大家都能輕鬆愉快地面對。

隔天中午十二點要正式決議了——我真的深刻感受到沒關門、開放眾人參與，讓處在裡面的人真的很痛苦。我在影片旁白裡說得雲淡風輕，待在裡面的時候，只會想要出去，但外面的人卻一直想進來——因為門半掩著，不斷有人進來，說服就得重複進行，永遠沒有一個時刻可以說服所有人。

後來幹部們越來越急，講話就越來越粗暴，對於要發言的人越來越兇。因為大多數人不會感受到決議時間的迫切，大家都想要講自己的看法，天馬行空地講，所以主持人會兇巴巴地說：講重點！重點！重點是什麼？有些比較柔弱的女生被問到差點哭出來。

最後幹部們半粗暴地通過決議，終於可以散會，也終於可以跟媒體發布消息。然而，幹部們才走到一樓沒多久，王奕凱就衝了進來。

王奕凱和公投盟（公投護台灣聯盟）等獨派團體立場比較近，部分獨派團體對整個運動頗有怨言。因為運動後來的走向，為了讓大眾可以接受，變得比較平和，於是激進的公投盟就被排除在決策圈之外。

王奕凱等人對議場內的決策圈非常不滿，當時我也耳聞一個說法，有人認為：獨派團體被擋在外面、不能進去開會，為什麼蔡博藝這個中國學生卻可以在議場內？蔡博藝的確有在裡面開過一兩次會，當然她只是旁聽。原因也很單純，因為會議裡面有她的朋友，所以她被允許進入，但不曉得為什麼被別人知道了，於是她的身分成為一個爭議。

王奕凱先前一直進不來，他很不滿為什麼沒有任何公開討論，卻已經聽說要退場，他才設法混進來。而且他也很厲害，突然間在台上講起話來，先前完全沒人發現。我拿著攝影機衝過去——我那時候的感覺至今印象很深：都已經討論幾百次了，怎麼還是沒辦法和這樣的人取得共識。我覺得好累，真的好累喔。甚至還對這樣的人也有些不諒解。但是我旁邊的一位女生，她參與社會運動比較久，她提醒我說：「可是這樣很正常啊，本來就會這樣啊，不能覺得前面討論那麼久了，就對不知道這些事情的人不耐煩。民主就是這樣！」

那時候，我才意識到，自己已經開始產生一種擁有資訊的優越感，而感到愧疚。

但作為一個紀錄片工作者，我總算是拍到了一個重大的事件。

那個女生也看著我一路這樣拍攝，她問我，拍到這段有沒有很開心。

有，真的很開心。終於捕捉到一點什麼。

## 陳為廷入港被拒

三一八運動時，「反對中國因素」並沒有被很明確提出。在議題核心問題的排序中，最上位的是「反黑箱」（反對國民黨用黑箱作業通過服貿法），那是最多人在論述上的共識。但我個人認為，「中國因素」和「反中」的情緒，才是動員了這麼多人願意參與的主要因素。但這一直是整場運動的伏流，不像反媒體壟斷的時候被直接標識出來。

不過，回想起運動現場，有件事讓我還滿感動的。一方面，有香港人進到立法院的議場。其次，王丹和吾爾開希也到現場向大家加油打氣。但吾爾開希或王丹把這場運動視為六四精神的延續，現場有人會很不認同，我也覺得這樣怪怪的，好像把三一八運動收編到一個奇怪的歷史體系裡面。但脈絡不是這樣看的，台灣當然有自己的社會運動的脈絡。你要很強硬的說這是六四的延續，我覺得太簡略了。我對六四有情感，是出於台港中公民社會的連結，而不是因為六四是我的源頭——即便如此，我還是對於台灣的公民運動可以串聯起三個地方的人一起響應、互相激勵，感到非常興奮。我也一直期望這樣的能量串聯可以持續發展下去。

二〇一四年七月，我們想再去一次香港，參加七一大遊行。當時香港的社運朋友有一場佔領中環的預演，希望趁七一大遊行結束後舉辦。

三一八結束後，社運圈有一些不同的派系，其中一部分人組成了「民主鬥陣」，那是從議場內決策小組延續下來的組織陣容。至於陳為廷、黃國昌和林飛帆這三人，他們另外組織了一個「島國前進」，被戲稱為社運的菁英隊。不過，有許多人對他們頗不以為然。

「島國前進」原本打算讓陳為廷、林飛帆，以及發起人之一的台大社會系專案助理教授陳惠敏一同前往香港參與七一遊行。我也想一起去，所以我主動幫他們訂機票。結果林飛帆港簽沒過，那時候我們就已經預知，陳為廷可能無法入境香港了。但陳為廷認為，他有台胞證，可以闖闖看。其實他也知道，結果可能會是如何，所以事前寫好了新聞稿，抗議中共與港府聯手阻撓港澳台公民團體交流，準備在陳為廷被遣返的當下就可以即時發出。

即便如此，我還是期待，或許還有任何一點機會。我不曉得其他人抱持多少期望，但我是一直到陳為廷真的被帶走的那一秒之前，都還覺得他有可能進得去。

當時考量他比較危險，過海關的時候我和陳惠敏老師刻意把他夾在中間。我先進去，他第二個進去，陳惠敏老師殿後。我過去了之後回頭看他，他走到櫃檯邊，把台胞證交給海關人員。我想要偷拍，卻一直被驅趕。他們說：妳要等去外面等，不要站在這裡。於是我錯失了那一刻，他被帶走了。

那時候我很失落。前一年我們一起到香港拍攝紀錄片，沒有其他關心香港狀況的社運人士同行。這一回，台灣有更多人對香港的運動有所期許，所以台灣農村陣線、台灣人權促進會、台灣勞工陣線都派人一起前往。他們與香港的團體合辦港台交流。參與這些活動的時候，大家都要自我介紹，每個人都來自特定的組織。我的角色很尷尬，因為我不屬於任何團體，我只是跟著陳為廷來，結果他被抓走了。所幸陳為廷的學長有去，至少我有個還算認識的人，否則我真的是頓失依靠了。

交流會的實質內涵，大部分是互相加油、互相激勵。但是陳為廷被帶走、遣送回台，那也代表了中國政府的態度，是往箝制港台公民社會交流的方向走。這讓我不免對此時港台之間的交流，感覺非常悲觀。陳惠敏老師在七一晚會的時候，上台代表台灣的組織向香港朋友表示加油，但我不是組織的人，沒有跟著一起上去。我突然有一種很強烈的疏離感，因為其實我和大家都不熟。失去了主要拍攝對象，我也失去了此行最重要的目標。

話說回來，為什麼我前一年會想去看七一遊行？因為我一直嚮往大家團結起來做些事情，但是以我自己在社運圈的觀察，覺得好像大家很容易起衝突，即使明明有百分之八十的理念相似，只要有一小部份的理念不同，就完全沒辦法合作。

在還沒有發生三一八運動以前，反媒體壟斷雖然帶起了一些反抗風潮，但還沒有成為可以撼搖主政當局的力量，所以我很感慨，那股異議的力量為什麼沒辦法集結起來。我認識的一些香港年輕人建議我去每年香港都會有的七一遊行看看。我聽說，香港的泛民主派其實分歧比台灣更多，小團體也很多，但每逢七一遊行的日子，活動依然可以辦得非常盛大。那是一股我所嚮往的能量，我很想知道，為什麼他們也有這麼多小團體，七一遊行的時候仍然可以集結成巨大的力量。而且每一次七一參與的人數，都可以反映出那一年香港人想要對中國政府發聲的能量有多少，我很好奇眾多的小團體之間是怎麼運作的，也想帶著我的紀錄夥伴一起去觀察。於是便有了二〇一三年我和陳為廷等人的中港行。我們去香港參加七一的行動。

後來發現這可能是我一廂情願，七一對他們有點像大拜拜，所以對於所屬組織規模不大的香港朋友，反而覺得去遊行沒什麼意思。他們認為，像「學民思潮」[5]這樣的大組織，當然可以藉七一遊行的機會募到很多贊助金，但那就像一年一度舉辦六四晚會一樣，有時流於一種例行公事，也不見得能做什麼。我這才知道，原來有些香港人是這樣看這個活動。

但我還是希望透過交流，可以讓大家理解彼此的處境，就算不能真的一起做些什麼，至少可以互相激勵。就像二〇一二年反媒體壟斷守夜的前一天，陳為廷很擔心沒人參加。於是黃之鋒加了陳為廷和林飛帆的臉書，並在林飛帆的動態時報上貼了一張香港反國教[6]十幾萬人上街頭的照片，跟他說：「繼香港佔領政總（香港特別行政區政府總部）後，祝你們佔領行政院成功！」陳為廷轉貼了那張照片，並寫道：「不知道為什麼有種被人看衰的感覺」，他有點哭笑不得，也想拚過他們。我想，這也算是一種互相激勵的效果吧。

---

5 香港學生政治社會運動組織，主張透過社會運動改變政治體制。組織召集人為黃之鋒，發言人為黃子悅。後來大部份成員已非學生，並且各自參政與投入其他組織，因此已經停止運作。

6 香港為反對國民教育科的遊行示威活動。

# 第六章　我不知道怎麼結束

## 身為導演的罪惡感

我向來對於自己作為紀錄片導演的身份感到尷尬。我感興趣的是拍攝人物，即使跟著我的拍攝對象到處參與社會運動，也沒有真正想要加入過那些組織。因為我的興趣不在各個單一的運動議題上，也沒有想過自己可以全心投入或組織某個運動。這是我很後來才發現的事。

因此在拍攝他們的時候，我會有很強烈的罪惡感，好像我一直從他們身上獲取東西，卻沒有付出。尤其是面對那些被我拍攝的團體組織時。所以，如果陳為廷偶爾請我幫忙做點什麼，我都會儘量做到。譬如說他要參選，請我拍個影片；或是反媒體壟斷的「一車走天涯」，我也去幫忙拍攝紀錄。拍完剪輯出來，大家看了感動，我才覺得有贖罪的感覺。

一些紀錄片工作者會說服自己：我是在對社會提問、我是刺激大家對事情反思，但對我而言，這種說法很難自我說服。當我把陳為廷投身苗栗立委選舉，到後來發生性騷擾醜聞跌落神壇的過程，剪接成三十分鐘的《完美墜地》，入選新北市紀錄片獎，並且在香港華語紀錄片節得到短片組冠軍的時候，我的罪惡感特別強烈。

在片中，他展露了一些他的私密面。如果這些他沒有在我面前表現出來的話，大可不必再被揭起瘡疤；當然我也不否認，這是一個讓更多人能超越表面標籤，理解他這個人立體樣貌的機會。但是我得獎了，我可以出國、參加影展，而他只能羨慕地對我說「好好喔」。這也會加重我質疑自己，拍這部片的意義到底在哪裡？對此，我一直找不到解方。

## 加入七日印象

三一八學運之後，我的拍攝有點停滯。

陳為廷與蔡博藝的人生都很豐富，因此在我心中本來不打算組合成一部片。陳為廷的部分我也沒有打算要做階段性的成果。我預期這是一個四年的計畫。在《藍綠對話實驗室》的結尾，大家最後開玩笑說要再拍四年，所以原本我真的打算做成續集，拍到二〇一六年再剪輯出來。但是台北市紀錄片從業人員職業工會召集了連我在內的九位導演，在網路上發起募資製作紀錄片《太陽．不遠》——將三一八運動時期大家所拍攝的影像製作成十部短片，湊成兩個小時的紀錄片。由於他們缺少決策圈內部的觀點，只有我拍了陳為廷，於是他們邀請我製作其中一部片，剪出一支十七分鐘的片子〈不小心變成總指揮〉。不過，那時候我還不能把議場內開會的片段放進去，這是我對決策小組的承諾，因為必須考量兩年的法律追訴期，這些影像如果公開，很可能會被檢警用作對他們不利的證物。

至於蔡博藝，她在三一八運動時受到很大的衝擊，一部分源自運動中瀰漫的反中氣氛，讓中國籍的她處境尷尬；另一部分源自三二三行政院事件中，一些運動夥伴的表現讓她覺得不負責任，這些都讓她產生很大的運動傷害，我好奇接下來她會如何看待社會運動。所以原本我預期，後續還會有一些關於蔡博藝的拍攝內容。

那陣子正好CNEX和日舞影展[7]合辦的一個工作坊在北京舉行，我在那裡遇到了沈可尚導演。當時我拍蔡博藝的片子和他拍攝的《幸福定格》都入選了，所以在工作坊裡第一次有機會和他進行比較深度的交流，而且發現彼此好像談得來。他知道我一直都一個人獨立作業，而他剛好有一個工作室，問我有沒有興趣加入。於是我就這樣加入了「七日印象」。

可尚一直不喜歡我稱呼他老闆，他很重視平等，覺得公司就是一個公社。在這間公司裡大家各司其職，而且每個人都有能力照應別人的工作。我們公司有可尚、廷儀、我、廷儀的老公、另一位製片，加上後來加入的我妹，六個人，有點像個小型的家庭企業。

除了可尚是永遠的導演，其他人大都有能力身兼數職。像我可以當導演，可以是可尚的副導，也可以當企劃、負責田野調查，還可以做剪接。所以大家在這個產業幾

7 源自美國、目前已成為全世界首屆一指的獨立製片影展。

乎都有一條龍的能力，有案子的時候，大家一起行動，回來共同討論。可尚很愛喝酒，我認識他之後也開始會喝威士忌，大家討論的時候多半會喝一點，即使是大白天也一樣。和團隊一起工作比較溫暖，有人可以討論作品，感覺差很多。原本我一直都是自己悶著頭做，沒有人知道我在做什麼，即使是我拍攝的對象，他們對影片的走向知道得也有限。進入了「七日印象」，我才感覺好像真正有了夥伴。

我加入「七日印象」的時候，《我們的青春，在台灣》幾乎已經拍完了。剪輯出來的第一個版本是兩百分鐘，這個版本只有陳為廷和蔡博藝兩個人的故事，並沒有加入我自己的反思。

拍完陳為廷之後，我開始有點困惑，這樣一直拍下去的意義到底是什麼？後來他去新竹幫邱顯智律師輔選，我拍了一些，但已經有點意興闌珊。而陳為廷在經歷了參選立委時被爆出過去有性騷擾紀錄的事件後，就開始退居幕後。我無法確定他現在從事的工作是出於他真正想做，還是不得不做。我的攝影機一直都聚焦在他這個人身上，當他變成一個單純的幕後工作者時，我突然不知道這樣的片子有什麼意義。

以後見之明來看，這是拍攝以人物為主的紀錄片時容易走入的陷阱。我後來才發現，當我的眼光只注視著陳為廷與蔡博藝，我把所有改變社會的期待都投射在他們身上。所以當陳為廷開始過著和一般人沒有兩樣的生活，蔡博藝也不再像以前那樣衝撞了——她的衝撞不是用行動吸引鎂光燈，而是用文字，但她後來只能匿名寫作，同時也越寫越無關政治了——我不知道我還能拍什麼，於是沒有了拍攝的動力。

如果這是一部劇情片，這可能還算是個非常好的劇情架構。因為他們的大起大落，讓情節有高潮迭起。但是，這是他們的人生。況且我本來對他們、對社會運動能夠帶來的改變，是有所期待的，所以不免有點難以接受這樣的結尾。我一直在追尋，想看見對話和社會運動是否可能真正改變社會。現在，這趟旅程好像來到一個沒有結局的終點了。我的期待好像是落空了。曾經共同的理想與行動，似乎都離我越來越遠。

當我覺得熱情已經消褪，不知道意義何在的時候，我就無法把它當成真正想做的事情來完成。但是，畢竟領了國藝會的補助，片子最終一定要剪出來。我甚至曾經想過，是不是要隨便剪一剪交出去？我變得很消極，很糾結。但又覺得不甘心！我投注了這麼多年心力的片子，到頭來竟會落得想要隨便收尾的下場。所以，我換個角度想，如果我還想把影片做出來的話，我要趕快做，我要趁著最後一點熱情還沒有完全消失之前把它剪完。這就好像是拚命抓住青春的尾巴，最後一搏。也是在此時，我決定將陳為廷和蔡博藝的故事合成一部片，我隱約感覺到，雖然我是分開拍攝兩人，但似乎是出於同一種初衷。

但我因為進入了一家公司，當然會有個人創作以外的工作。這部片子是我在進公司之前做的，所以我沒有用工作時間處理。大家也很尊重我，不會強制要我把這部片帶進公司來製作發行。但我很掙扎，因為素材太多，我得花很多時間看，如果要全心全意做這部片，那就沒辦法專心工作了。我對可尚以及製片廷儀說出我的困難。他們真的就像是天使，他們說：沒關係，妳就把這部片帶進來做，算入工時也無妨。

我心想天哪，怎麼那麼好？於是我花了大半年的時間看素材，剪出第一個版本讓他們看。影片最後我放「國際歌」，和最終上映版本的結尾一樣，陳為廷帶著大家一起唱「國際歌」。這個片段讓我有種悲涼的感覺。如今，聽著那歌聲，當時曾經的熱情不知道現在到哪裡去了。他們看過之後，才曉得我這些年到底在做什麼。他們一眼就看出這些影像紀錄的價值。反而我因為陷在自己的情緒與迷惘裡，覺得不夠好、不知道意義何在。當時，片子還沒有加入我自己的旁白，因此他們不太確定我真正想表達的是什麼。尤其是可尚導演，他覺得看不到我的觀點。

製片看見了這部片子的潛力，建議我把它放到公司一起合作。在這之後，《我們的青春，在台灣》才正式進入公司的業務範疇。我開始拍這部片子的時候是一個人作業，在拍攝過程中和陳為廷、蔡博藝關係越來越緊密，但畢竟是記錄者與拍攝對象之間的關係。到了片子要完成的時候，他們兩人已經各自經歷了很多事，我們不再像過去那麼常在一起了，我又必須一個人完成這支影片。沒想到這時加入了公司，又有一個團隊來幫助我，鞭策我去找回那段經歷的意義。

在工作上，可尚的自我要求非常高，他不需要旁人的督促就會進行自我鞭打，但有時候，因為要求實在太高了，容易陷入自我懷疑的迴圈。所以像我這樣自我要求沒那麼高的人，通常會在他旁邊先做出一些不怎麼樣的粗胚，他看到會想，這不行哪，於是進來動手，墊著我失敗的腳步前進。所以他遇到我也算滿幸運的吧？雖然我自尊心很高，但我還是願意讓他踩著我前進，因為相信他會因此催生出更好的成果。當然，有些話乍聽之下會有被否定的感覺，但我算是願意聽取否定意見的人。

我曾把《我們的青春，在台灣》的第二個版本給我的研究所同學看，同學看了之後，也說她看不到我的觀點。我有點因人廢言，覺得她沒有看懂。可尚雖然也是這樣說，但他先稱讚了我的一些優點、理解我想做什麼，再來談我的缺點，所以我比較信服他的意見。

我把同學的意見跟可尚說，可尚告訴我，這個同學是個很好的朋友，願意跟妳說實話的朋友一定要留在身邊。我再仔細思考他的話，明白因為有這種否定我的意見，我才會去想要怎樣讓作品更好。如果大家都說滿好的啊、這樣就不錯了，那作品最後就真的會只有這樣。以前從來沒有人這麼用力要求過我，雖然也曾經有監製或其他人給我意見，但都沒有這麼嚴苛。

可尚能夠很輕易看到事情的本質或問題的核心。有時在團體中大家很容易繞著一些枝微末節的事情做，但可尚知道重點在哪，這是一種天生的直覺。我也在耳濡目染下，開始學著去質問自己：這部片本質是什麼？核心問題是什麼？我要表達的是什麼？我不斷朝著這個方向尋找答案，用這樣的眼光去看我這幾年下來拍攝的素材，比較能察覺到事情的意義，也會看到當中的情感。我原本從理性思辨的層面來看政治對話，但後來發現，人與人之間，最終還是情感的共鳴。

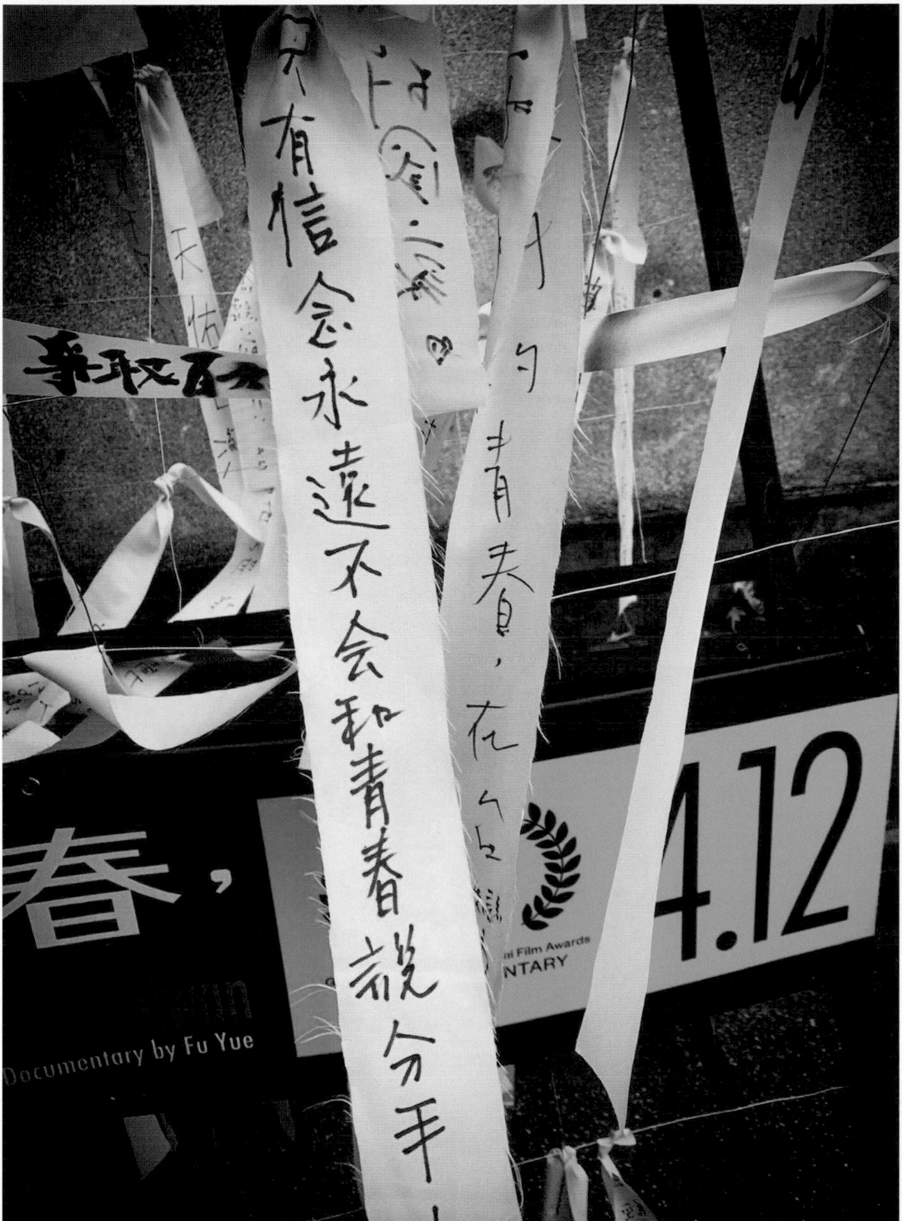

「只有信念永遠不會和青春說分手」——沈可尚導演

我的青春，與我的家人

默默守護家人的父親，也是傅榆紀錄片的最佳支持者；《我們的青春，在台灣》上映後，父親前後共看了影片四遍！

母親的教育方式對傅榆的影響深重。即便兩人有時意見相左，但仍能從生活細節中察覺母親深以自己的女兒為傲。

妹妹不僅是陪伴傅榆一起成長的手足，長大後，也成為傅榆拍攝、製作紀錄片的好夥伴。

傅榆小學五年級時的生日留影。

傅榆（右）在高中時期和好朋友一起剃了平頭，留下人生中難得的中性帥氣造型。

可能是受到政治、政黨熱潮影響，傅榆和朋友們玩鬧式地組了一個「唯我無敵哈拉黨」，簡稱「唯無哈黨」。

「唯無哈黨」中一位「黨員」生日時，其他「黨員」以國旗作為生日賀禮。

傅榆（左）大學時期和好朋友的合影。

## 《大家一起照鏡子》

我爸爸&我媽媽
我是從馬來西亞來的

曾伯父&曾伯母
頭份鎮最北的一個 一個里啦

傅榆在研究所的畢業製作《大家一起照鏡子》中，邀請自己的父母與同學的父母，分別在影片裡談論自己的政治立場。這是她首度藉由紀錄片，讓兩個家庭與不同立場的人，嘗試彼此溝通與理解。

《藍綠對話實驗室》

在紀錄片《藍綠對話實驗室》中，傅榆安排了一群政黨傾向不同的青年，探討台灣的政治議題，甚至也邀請了當時國民黨與民進黨的青年發言人（上圖）一同來對話。

# 第二章
# 反藍即綠？

《我們的青春，在台灣》

延續著對台灣政治、社會的觀察，以及對年輕人政治參與的關懷，傅榆於2012年開始拍攝、直至2018年完成製作紀錄片《我們的青春，在台灣》。

《我們的青春，在台灣》主角之一：因書寫〈我在台灣，我正青春〉一文而爆紅的蔡博藝。

《我們的青春，在台灣》主角之一：為拍攝《藍綠對話實驗室》而結識的社運青年陳為廷。

2014年，三一八運動，學生佔領立法院現場。

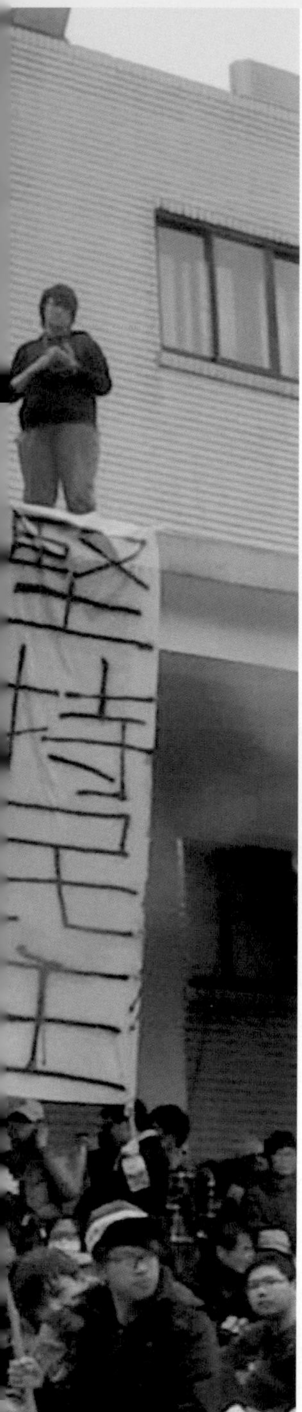

立法院外，年輕學生高掛「堅持民主」等標語表達抗議訴求。

逐一審查
服貿條款

無法收尾的紀錄片、對於拍攝主角的青春熱血不再，種種的失落、懷疑與悲傷等情緒，化為淚水傾瀉而出。但同時也在此刻，傅榆理解了關於「青春」的答案。

傅榆的鏡頭在不知不覺中，都聚焦在蔡博藝與陳為廷身上。

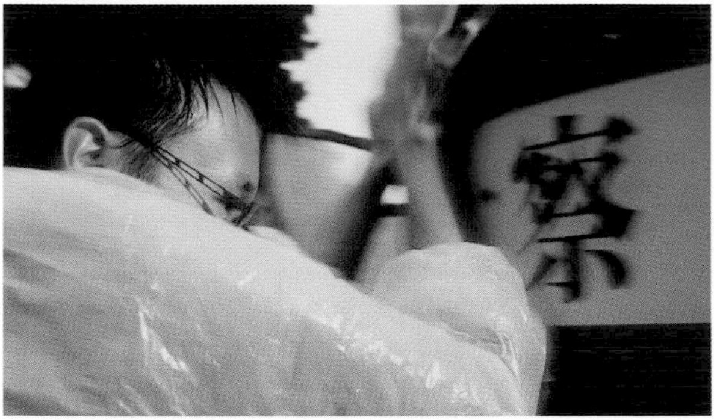


在追求民主的路上，從來都不是只有一個人或一小群人的奮不顧身。

《我們的青春，在台灣》最終呈現的，是一代人追求理想、為自己的民主發聲的故事。

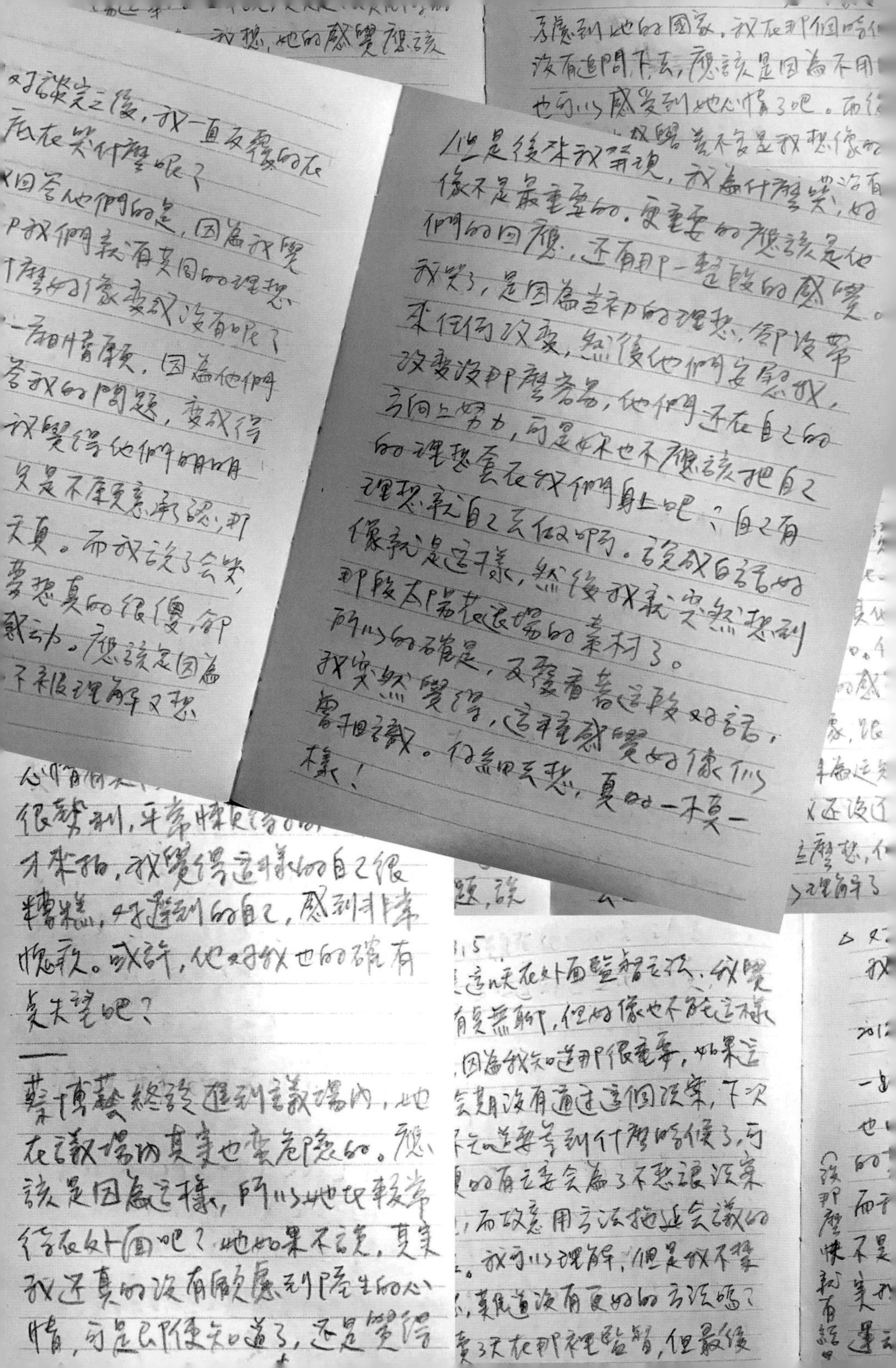
但是後來我發現，我為什麼笑，好像不是最重要的，更重要的應該是他們的回應，還有那一整段的感覺。
我笑了，是因為當初的理想，卻沒帶來任何改變，然後他們安慰我，改變沒那麼容易，他們還在自己的方向上努力，可是好像也不應該把自己的理想套在我們身上吧？自己有理想就自己去做啊。說我自己好像就是這樣，然後我就突然想到那段太陽花運動的素材了。
所以的確是，反覆看著這段對話，我突然覺得，這種感覺好像似曾相識。仔細去想，真的一模一樣！
才來的，我覺得這樣的自己很糟糕，對這樣的自己，感到非常慚愧。或許，他對我也的確有點失望吧？
蔡博藝終於進到議場內，也在議場內其實也蠻危險的。應該是因為這樣，所以她比較常待在外面吧？她如果不說，其實我還真的沒有顧慮到陌生的心情，可是即使知道了，還是覺得

# 這一代人的故事

《我們的青春，在台灣》總共剪輯了十二個版本，這是非常漫長的一條路。過程中可尚一直想要把我這個作者逼出來，讓我不要只是躲在這些角色背後而已。他逼我出現，逼我誠實地面對這一切。正是因為如此，我才把我所有覺得害羞、不堪的自己都放進去。

在看完第一支兩百分鐘的版本之後，可尚建議我和陳為廷、蔡博藝好好聊一聊。因為他看到的不只是他們兩位主角，片中還出現了很多台港中的年輕人，所以他好奇的不只是他們兩位，也不只是我個人，而是這些年輕人好像都有一些共通的理想，在這個時段被我紀錄了下來。但是現在，他們最青春的那一段故事已經過去了。他們怎麼看待當時的自己？怎麼看待這段青春？可尚說，這不是他們兩人的故事，也不只是我們三人的故事，而是這一代人的故事。

於是我決定找陳為廷和蔡博藝來看看我目前的剪輯結果。

在那之前，我已經接近一年多沒有好好拍他們了。我感覺到他們變了，不再衝撞了。曾經有一次我分別和他們聊天，問他們為什麼都不去社會運動的現場了？他們不約而同地說，老啦，這很正常啊。陳為廷甚至說，當學生的時候比較有時間啊，但大家不都是這樣嗎？出了社會就要去找工作啊。

我聽了心裡很不是滋味。那我算什麼？我不是早就在工作、早就出社會了嗎？你們真的只是因為當年是學生，才去參加社會運動的嗎？難道真的只是你們一時的熱血，不是信仰、不是理想、不是理念嗎？我非常失落。難道長大人就一定會變得現實、或者趨於平淡？我不甘心，是不是他們忘了什麼，失去了什麼初衷？

所以我一廂情願地想，如果讓他們看看過去的自己，那時的熱情與理想會不會召喚起他們的記憶，讓他們想起自己的初衷？

結果他們看完的反應不如我想像。我以為他們會很感動，會發出一些感慨，但是我並沒有將自己的矛盾與困惑拋向他們，他們有些無奈地回應：「我們現在怎麼想，為什麼要向別人交代呢？」他們甚至認為我的問題是沒有意義的。或許是為了打破僵局，陳為廷忍不住說，妳應該要去回顧那些細節，為什麼每個人在當初會做這樣的選擇，並從後來的實踐成果去檢討他的理念價值，這才有意義嘛！

由於與預期的結果有落差，我反過來問他們說：「那你們覺得我呢？」這時我已經隱約意識到，不能只從他們身上找到答案，好像必須要反問我自己才行。這也是受了可尚導演啟發的緣故。

在我出發去給陳為廷和蔡博藝看片子、跟他們討論之前，可尚導演問我：「妳要怎麼和他們聊？」因為我的想法比較渙散，很容易講著講著就不知道講到哪去了。他很擔心我沒有扣在我的核心問題上。

我列出想問的問題，大概都是這段過程裡沒問到的一些細節，例如他們每一次需要抉擇的時候，心裡在想些什麼？實際上這些問題比較偏向我對他們的詮釋，有點像是想要證實他們是否真的這樣想。可尚看完我寫的問題之後問我，妳真的想問這些嗎？這些事情很重要嗎？妳不是都知道了？

我那時候是以片子製作的實際考量出發，即便我可能知道答案，但我需要向他們證實。他們不說出來，我沒有辦法放進影片中。

但可尚覺得這些太枝微末節了。他問我：「妳到底為什麼要拍這一場？為什麼要去找他們？為什麼要給他們看片子？妳到底想幹嘛？」他溫柔但是犀利地逼問我。

我被逼急了，進入用力思考的狀態。

他換了個方式問：「如果要用一句話，說明補拍攝這一幕的初衷，妳想要說什麼？」

我於是變得很直接：「因為我不知道怎麼ending。」

他回說：「那不就結了？」

他的意思是，這不就是妳的答案了嗎？因為妳在這段過程中付出了那麼多努力，現在卻不知道要怎麼結束——這就是妳現在這個行動最大的初衷。所以妳不能被他們拉走，不能把問題丟給他們。妳要問問自己，到底在想什麼，妳想對他們、對自己說什麼，能不能在這支影片中說出來。重點在於妳自己。

然後我就出發了。

所以那個當下我才會把問題丟回我自己身上：「那你們覺得我呢？」問題一說出口，我就發現了，原來自己這麼糗，原來真的是我自己不知道要怎麼辦？問題原來出在自己身上。於是我講著講著就哭了出來。

陳為廷與蔡博藝都很傻眼，因為沒有看過我這個紀錄片導演在他們面前哭。雖然我很愛哭，但我從沒讓他們看見我那麼失態的樣子。畢竟我比他們大了快十歲，而且我拍他們的片子很多都得獎了，所以不管是他們還是我自己，都認為我算是滿有能力的呀。

他們應該怎麼也沒有想到，原來，這個大他們十歲、得了很多獎的人也不知道自己在想什麼，不知道自己問題在哪裡？他們原來以為我很有自主性、很清楚自己在做的事，結果：妳不知道怎麼幫片子收尾？那應該是妳自己就可以處理的事情啊。

在我哭出來的當下，蔡博藝反應很快，她立刻說：「快拍導演！快拍導演！」攝影師竟然聽她的話，我沒叫鏡頭轉過來，但鏡頭真的轉過來了。這個瞬間，我們之間的權力關係反轉了。本來，拍紀錄片的詮釋權在我身上。縱使他們可以和我有些拉扯，有些事情他們可以選擇不讓我拍，可是因為我是紀錄片的拍攝者，最終詮釋的權力還是在我，彼此的關係終究不是對等的。

但是現在攝影機也對著我了，我好像被暴露在大家的面前，和他們站在同樣的位置上，跟他們一起被觀眾放大檢視。那是一個完全意想不到的時刻，我才不再只是躲在鏡頭後面拍攝他們的紀錄片工作者。我進入了影片。而我也意識到，就像可尚導演先前已經看出來的一樣：這不只是他們的故事，也是我的故事，是我們一代人的故事。

當下，我知道這就是片子的結束。

但是當場我還搞不清楚自己為什麼哭，他們也很錯愕，不知道我到底在哭什麼？其實一直到後來，他們都還是很疑惑。我想，當時我是覺得，我們原本不是都懷抱同樣的理想嗎？為什麼你們兩個要一副沒發生過這些事的樣子？他們很困惑地說，是這樣嗎？關於我為什麼哭這件事情，是沒有一個標準答案的。不過，我以前作為拍攝者向拍攝對象盜取他們人生的罪惡感，雖然不可能完全消失，卻在這個場景之後，慢慢減輕了。因為我們都是這個故事的一份子，我也把自己袒露出來給別人看。攝影機轉向的那個鏡頭對我有非常大的意義。這是事前完全沒有預期到的。

我在剪接的時候，反覆看了這些素材。越仔細檢視，越覺得這個哭真的有很多層面的意義。我問我老公，因為他也在場，有時候從第三者的眼光看會更準確。他說：「妳這是不是表錯情啊？有點像單相思，有點一廂情願，被逼急了，就覺得委屈。」

原來，我自以為我們是一起的，結果卻發現大家根本不這麼想，有種被拋棄的難堪與無地自容。我與他們之間的關係，只是我一直跟在他們後面，自私地幻想我們要一起去同樣的地方，但其實我跟不上他們的腳步。到了只剩下一個人的時候，我才恍然大悟，我們本來就是獨立的個體，每個人都有自己要去的地方。這是我哭的最大原因。

我這才找到片子的本質在哪裡，決定這部分一定要剪入正片。因此在第三個版本的時候我就這麼做了。

但是初步嘗試的結果有一點怪，因為我還不知道怎麼安排這個片段比較好。我試著加入旁白，但很生硬，沒有感情。我的朋友、夥伴，還有本來要合作的剪接師看了都很納悶：「妳確定要這樣做嗎？」因為很少有紀錄片導演會把自己放進片子裡。有人說，這不是幕後花絮才要做的事嗎？不如認真剪好這兩個人的故事就好！

我不甘心，我覺得這是我很重要的體悟，或許那時候還沒有呈現得很好，所以他們看不出來。這個版本比較像是我與可尚的對話，因為是他試著讓我去檢視自己，把自己放入其中，我猜想他一定可以懂，為什麼我要這樣做。縱使有很多不好的地方，但他應該可以看出這部影片的訴求是什麼。

可尚看完之後回了我一些正面的文字。果然，只有他相信我。他說：「這個場景是成功的，因為有妳自己進入，這部片才產生了有別於這兩個角色的重量，變成不只是這兩個人的故事，而是你們三個人，甚至是一群人的故事。但妳還沒有完全把自己的角色展現出來，妳只是現身了，但旁白寫得還不夠。妳沒有很誠實地去檢視自己。這兩個角色分別有高潮，有最低點。他們有他們自己的成長，但妳呢？妳不是也在跟他們一起經歷一個追求理想然後幻滅的過程嗎？妳應該也有妳的成長跟體悟吧？但是妳沒有坦白。」

於是我逼自己把旁白寫得更深入。我又再試著追索自己大哭背後的原因，試著把它寫出來。到了第三個版本，本質依然還沒浮現，只是把表象放進去而已。關於為什麼哭、哭的背後暗含的自我投射期待，這些事情還沒有連結在一起。直到剪出第四個版本，我才覺得已經好多了。但可尚看了，還覺得不夠，他說：

「妳可不可以再誠實一點啊？」

我很困惑，怎麼不誠實呢？我已經很掏心掏肺了啊。他回說，因為有的時候妳太理性了。

確實我在寫旁白的時候，常常偏向用理性的態度觀察每個段落發生了什麼事。再基於影片的需要，根據特定的目標去寫旁白。這樣的旁白不會深入，很難引起共鳴。他建議我去補寫日記，進入自由書寫的狀態，不要那麼有意識地知道妳在寫什麼，寫這段文字是要用在哪裡，用比較自由的方式回溯影片拍攝的期間，每一個時刻當下的狀態。

我這才發現自己從來沒有認真回顧過自己拍攝的每個當下。比如這場運動在做什麼、當天或那段時間我在想什麼？我是拿著攝影機到現場，但我為什麼要去呢？我原本的旁白只解釋這個運動為何如此發生，卻從來沒有說明我的內在和這個運動發生了什麼連結。我經過「補寫日記」地一一回想，才更進一步發現很多我當時沒有想清楚的事情。

我覺得自己真的很糗。我怎麼會這麼不在乎、這麼不自覺，我自己在每一場運動中的感受呢？

這幾年，我的鏡頭跟著陳為廷與蔡博藝，在運動現場中遊走。我總是看著他們。而我的主體性在哪裡呢？最早，蔡博藝投入淡江大學學生會長選舉的時候，其實我對她曾經有一點點的懷疑。那一點點的懷疑，是說不出口的：她一個中國學生，來台灣選學生會的會長，會不會是受了大陸什麼單位的授意呢？有沒有來台灣統戰、滲透的可能性？當時我並沒有百分之百信任她，有一絲絲這樣的懷疑藏在心底，沒有說出來。後來，她在校內的選舉遇到對手的阻擋——很明顯，對手也是在她的中國身份上做文章。此外，校方應該也忌憚她經常參與社運、對校務提出異議的這些點。現在，我用補寫日記的方式去回憶，想起了自己在那段期間，那種不完全信任她的感受。作為長期的夥伴，我竟然產生那樣的念頭，實在覺得對不起她。當然，我們本來就是不同的人，擁有不同的主體性。重要的是不同的人之間是否還有機會，從不了解到了解，不信任到可以信任。我會在回想時感到對不起她，表示當時我沒有誠實反省到這個我和她的「不一樣」——在整個拍攝過程中，其實我都不知道在何處安放那個「和他們不一樣」的、我自己的主體性。

我看待他們兩人的方式，真的就是被吸引。那種吸引無法完全用理性來解釋原因。我投注了關愛在他們身上，從他們身上感受到希望。我回憶著、補寫著日記，把對他們兩人的感情期待與失落，都寫在那本日記裡。最後才從日記裡擷取出最重要的，也是我最不想被人看見的部分——那些部分應該被看見，大家才能理解我為什麼是這樣，那幾年我到底經歷了什麼。

## 青春．政治三部曲——紀錄片《我們的青春，在台灣》

本片原為《藍綠對話實驗室》的續集，循著《大家一起照鏡子》、《藍綠對話實驗室》的軌跡，本來設定的拍攝時程以總統大選為界，設定在二〇一二年至二〇一六年之間；但關懷重點將從單純的台灣藍綠問題，轉向思索中國因素對台灣的影響，以及中國民主化的可能性。二〇一一年，國民黨政府開放第一屆中國學生來台攻讀學位，增加了中國學生在台灣生活的機會與時間。傅榆緊抓此一契機，想要以藍綠對話實驗室的形式，促成兩岸三地的學生進行民主對話實驗。然而隨著認識了熱衷社會運動的第一屆中國學生蔡博藝，加上那幾年台灣社會運動越漸蓬勃，同時陳為廷也逐漸在公眾面前嶄露頭角成為學運明星，最後又在二〇一四年台灣發生了三一八運動，傅榆的鏡頭在這一路的變化之中越來越聚焦到陳為廷與蔡博藝兩位主角的身上。她從原來設定的議題和形式偏離，但也更深入進入到運動中的「人」。

本片片長約一百一十八分鐘，是台灣人陳為廷、中國學生蔡博藝，和在台灣出生長大的華僑子女傅榆三人之間的故事。影片中，鏡頭主要聚焦、穿梭於陳、蔡兩條軸線上，傅榆則僅以旁白方式不時「現聲」。一開始傅榆先表露自己原本害怕社會運動、怕被排斥，以及原生家庭比較接近支持國民黨的背景，和自己接觸到陳為廷等人後發生的轉變。她回顧認識陳為廷和蔡博藝的經過，也呈現出兩人聚積偶像光環的過程。傅榆在旁白中相當誠實地進行自我剖析，甚至承認：「運動進展到什麼程度，我總是不太清楚，每次來到現場，都是因為有陳為廷在。」

由於陳為廷本來即是傅榆先前進行藍綠對話實驗時的成員，故片中引用了一些《藍綠對話實驗室》裡的片段，例如陳為廷在反國光石化場合中高唱〈晚安台灣〉、陳為廷介紹自己的住處等。蔡博藝則是因為書寫〈我在台灣，我正青春〉一文於網路上爆紅，而後開始關注許多在地議題與反徵收運動。影片約在二十五分鐘左右，導演自承「想為我們共通的理念做一些什麼」，於是安排了一趟「中港行」，與陳為廷一起去找回鄉發表新書的蔡博藝，並走訪香港，接觸在台灣以外可能認同相似理念的年輕人。

回到台灣後，陳為廷、蔡博藝持續投入各種運動之中，但傅榆受制於工作，無法時時跟隨。當時社會運動蓬勃，一直衝向政府機關卻毫無結果的循環，讓傅榆熱情降低，甚至懶得去現場，乃至於錯失了三一八運動發生當晚的重要鏡頭。導演僅以約二十分鐘左右的篇幅描述三一八運動，且未對運動本身有全景式的觀照，而仍著重於立院議場內陳為廷、蔡博藝兩人在運動中面臨的處境。像是在運動中瀰漫著的「反中」氣氛下，蔡博藝作為中國學生的感受；陳為廷在獲得偶像光環後，無法回應所有群眾期待的困境；以及立法院內小圈圈決策會議的民主難題等。

三一八過後，兩條敘事軸線仍然呈現相當工整的對比。蔡博藝競選淡江大學學生會長，卻因中國籍的背景被人認為有統戰意圖，最後對手經過選舉策略操作而落選；陳為廷投入立法委員選舉，卻因爆發性醜聞而跌落「神壇」。然而當兩位主角開始淡出社會運動，始終躲在「旁白」角色的傅榆開始意識到更大的問題——本來以為可以透過紀錄這兩位主角，讓更多人相信社會運動、相信台港中公民社會互相串聯的可能，但如果兩位主角並沒有在這個議題上累積出立即可見的成果，並且也開始走向各自人生的下個階段了，這部紀錄片要如何收尾？

於是場景切回影片開頭陳為廷、蔡博藝一同觀影的影像。傅榆意識到自己的問題——那個感到無法收尾、不知如何看待這段沒有達到理想中成果的經歷的人，是她自己。讓本片始終潛伏的第三條軸線——傅榆本人的故事，因為這段面向自己的誠實反思，而終於得以成立。

《我們的青春，在台灣》片名以「青春」為名，既是呼應蔡博藝的名篇〈我在台灣，我正青春〉，也是藉由整個拍攝過程得到的反思，重新賦予「青春」定義。這部作品獲得了二〇一八年第二十屆台北電影節最佳紀錄片獎、第五十五屆金馬獎最佳紀錄片獎。二〇一八年十一月十七日，傅榆在金馬獎頒獎典禮上的感言提到：「《我們的青春，在台灣》這部片，很多人以為是在講政治，但它其實更多是在講青春，青春很美好，但也很容易犯錯。我們可能把錯誤的期待投射在別人身上。」可視為本片最好的註解。

# 第七章　你這個是台獨欸

## 兩段得獎感言

二〇一八年十一月十七日，就在縣市長選舉的前一週，我坐在台北市的國父紀念館的表演廳裡，參加金馬獎頒獎典禮。那年金馬獎特別盛大，是李安接任金馬獎主席後舉辦的第一年，評審團主席是鞏俐，有很多來自海峽對岸的電影人出席頒獎典禮。當頒到最佳紀錄片獎時，《我們的青春，在台灣》獲獎了。我上台發表感言，把影片中自己的青春狀態、對於自己曾經把期望投射在他人身上的反思，與我對國家前途的想法結合在一起，說了這段話：

《我們的青春，在台灣》這部片，很多人都以為它只是在講政治，但其實它更多是在談論青春。青春很美好，但是青春也是最容易犯錯的時候，尤其是容易把錯誤的期待投射在別人身上。這種錯誤不只是可能發生在人對人，也有可能發生在國家對國家。我真的很希望有一天我們的國家可以被當成一個真正獨立的個體來看待，這是我身為一個台灣人最大的願望。

在我的原意裡，這段發言並不是要指涉政治，其實更多的是表達我個人內心感受。結果，這段發言還是引起了軒然大波。媒體立即就往統獨方向解讀，社群媒體上馬上就分成兩個陣營，雙方交戰不休。

其實那段話本來是我準備在「台北電影節」時說的。早在七月的時候，我就寫好了這段感言。在台北電影節的規定中，當年的最佳紀錄片、最佳劇情片、最佳動畫和最佳短片獎項的得主，可以進一步競逐百萬首獎。由於我有可能得到最佳紀錄片，表示我也有機會得到百萬首獎，所以我的製片在頒獎典禮前一天提醒我，一定要準備兩個以上的得獎感言：萬一妳得了百萬首獎，腦袋卻一片空白，不是很可惜嗎？

到了台北電影節的頒獎典禮，我得到了最佳紀錄片，有機會上台說出準備好的第一則得獎感言。我先是感謝一路上幫助過我、或陪伴過我的人，最後的兩句話是：「如果我們要一起向前走，需要先從意識到自己受傷了開始。」

那是我對這部片最想講的一段話。因為我覺得，很多像我這樣在參與社會運動的過程中受傷的人，沒有發現到自己受傷了，所以才會倒地不起，站不起來。

我為台北電影節還準備了第二段的得獎感言，但是百萬首獎由宋欣穎導演的動畫片《幸福路上》奪得，因而我沒有機會說出來。我想，可能是時候未到。我心裡暗自決定，將來如果有任何機會，我一定會將它說出來。所以當我入圍金馬獎，我在臉書上發文分享入圍的喜訊，並且我也不避諱地說，我想得獎。

我真的得獎了，也上台說了這段話。但是，事後證明，這段發言的後座力遠遠超出我事前能夠預料。我最難過的就是，我給許多人造成了麻煩，包含辛苦籌備金馬獎、積累了這麼多年的金馬獎籌委會。事情演變至此，不後悔是不可能的。如果事前知道會造成那麼大的影響、付出那麼多的代價，我可能會更加謹慎，我會先和人討論。不過，這當然是後見之明，事先我從來沒有想過要和別人討論我的得獎感言。

事後有許多批評的人說：妳講話不會看場合。我後來想一想，我的確沒有在看場合。但如果那段話是在「台北電影節」，而不是在有那麼多對岸電影人的場合說，或許結果不會是這樣。那是我沉積在心裡非常久的話，當時我也確實是想，不管在哪一個場合，只要有機會，我就要把它表達出來。當天，在頒獎典禮中，我很緊張、很矛盾，根本沒有餘力關心其他的頒獎人講了什麼。事後也有人說，我是因為在那個場合不想讓中國吃豆腐（因為當天有些對岸的電影人在我之前上台，說過一些敏感的話，例如指稱所有參賽影片為「中國電影」的話），才講出這些話來反擊。事實不然，這是我本來就想講的話。因為我覺得我們的主體性長期沒有被尊重，這不是一天兩天的事，也不只在金馬頒獎典禮上發生。我根本不是想開砲，也沒有在「反擊」誰。我只是想要表達壓抑很久的心理感受。

在講這段話的時候，我心中預設了三種對話對象。其一當然是中國政府。其二是對我友善的中國朋友。因為長期以來，我接觸到的中國人都是可以講道理的，但我心中仍然有點隔閡感。最主要的原因，是面對很多中國友人時，我總感到，他們希望我們的交情是建立在人與人之間的普遍互動上，因而會有意無意地抽去國族因素。這是他們的善意。但他們並不真正知道，我身為台灣人，希望自己國家被當成獨立個體看待的嚴重性。

或許有的人會覺得，如果妳真的想溝通，這些話可以私底下跟這些朋友說。但在那時的我，的確因為一直以來，心裡有股對自己國家主體性不被認真看待的不服氣，而選擇了在比較多人可以聽到的場合中說出這些感受。我想讓他們知道，這種感覺是嚴重到這個程度的，如果這種感覺不被正視，我們沒辦法當真正的朋友。不過誠實地說，我也覺得自己沒有選擇面對面和這些中國朋友溝通，是一種不夠勇敢的表現。因為，相比在台上公開說出這些話，對我來說，認真嚴肅地當著朋友的面說出真實的感受，尤其是批評、異議的話，是更需要勇氣的。這也是為什麼，當一直有人認為我在金馬獎頒獎典禮上說這段話很勇敢的時候，我感到受之有愧。

第三種對象，是在我還沒有說這些話之前，一直誤會我的台灣人。一直以來，無論我怎麼說、怎麼做，都還是覺得自己不被某個群體所信任，那就是我在《不曾消失的台灣省》裡提到過的，我在每個階段都想要進入的假想群體——獨派／台派。我總是會被質疑：為什麼不去學台語？為什麼要拍中國人？是不是因為妳心中希望「兩岸一家親」？妳到底是不是台灣人？我總希望自己有一個機會，能讓很多人知道，我對台灣、對這個國家的想像，和這些質疑我的人，其實是高度重疊的。我一直以為當我清楚表達自己，他們知道我的想法之後，就比較有可能接受我，至少不再誤解我。自從金馬獎頒獎典禮之後，事情證明的確如此，他們接受我了。但我又開始擔心，如果他們只是因為這幾句話而信任我，卻無法深入理解我說這段話背後的特殊脈絡——我是經歷了什麼樣的追尋與思考，而有這樣發自於生命經歷、個人真實的感受——那麼，這樣的信任和接納會不會也流於表面，彷彿只是在選邊站隊？其實，我更希望他們能看見，不同立場之間，「異」是有可能化為「同」的。因此面對不同立場的人，我們不應該「排除」，而應該「對話」。

講完得獎感言之後，我一直沒有時間看手機，所以當下並不曉得事件延燒到什麼程度。一直要到典禮結束之後，我才有機會停下來回顧，在我講完那席話之後，究竟陸續發生了什麼事；我慢慢重建起當時的氣氛。顯然在我發言之後，媒體很快就將這段發言定調為政治立場的表態，我想這和隔週就要選舉有很大的關係。其實我講的這段話，並不是想要強調我是什麼政治立場，我是想要強調我身為台灣人的感受，而且從我過去拍攝這幾部有關政治立場的紀錄片的經驗看來，**不管你是藍、綠，或其他立場，都可能有類似的感受**。

在我上台發言的時候，陳為廷在家裡看直播，他身邊的室友拍下了他第一時間的表情。他有傳給我，但是那時候我沒有辦法看手機。而他說一小時內會自己刪掉，然後就再也不傳上來了，所以我至今沒有機會看到他當下的反應。他在私訊裡說「幹！超屌！」他很爽，沒有想到我會說這種話。

頒獎結束後他打電話給我，跟我講兩件事。第一件事是因為鄭麗君部長有和我合照，並且在臉書上發了一篇文章。鄭麗君的助理曾打電話給他，事後告知發文的事。接下來他還說：「妳這樣一席話，又團結了台港中公民社會欸！」

我當下沒有辦法像他這麼樂觀，但的確可以理解他為何有這種激動的感覺。因為如果你是支持三一八、支持台灣社會運動的人，我相信你可能會理解我的得獎感言；香港也是，如果你曾參加雨傘運動，或是支持雨傘運動價值的人，應該也會有共鳴；在中國，我們當時去交流的朋友，我相信他們一定也能懂我真正要表達的意思。雖然在網路上罵我的中國人很多，但還是有少數中國人傳來訊息向我表示，雖然他是中國人，但支持我這樣說。我其實很感動，還是有中國人感受到需要尊重我們。所以陳為廷說，我這一席話團結了台港中公民社會，有他的觀察和道理。其實背後確實是有一股共鳴擴散開來。正因為支持的聲量很大，反制的力量才會這麼大。

不過，陳為廷也補了一句：「基於道義啦，妳還是應該打電話給蔡博藝，她現在應該很麻煩。」他也已經幫我去跟一位已經豁出去的中國年輕作家討論，現在情況如何處理、蔡博藝會不會有事。

這時我才明確意識到，糟了。在講完的當下沒有想到事情的嚴重性，在後台時也沒有特別的感覺。直到我回座位上，聽到涂們講中國台灣、兩岸一家親，我才覺得，好像氣氛不太對。他講這些是因為我剛剛講的話嗎？那氣氛很詭譎；後來鞏俐不上台，這是因為我嗎？這一切的一切，都不是在當下有定調的——但後來新聞就是這樣定調，事情一個接著一個發生——大合照不照了是因為我嗎？這些徵象不斷冒出來，我才開始有「我是不是做錯事情」的懷疑。我還沒看臉書，不知道各家媒體都在報導，中國網友已經在我的臉書中一篇介紹其他片子的發文之下，罵了兩萬多則留言。而我是直到陳為廷跟我通電話時，才意識到：原來事情這麼大條，那糟糕了，蔡博藝完蛋了。

這一路以來，拍攝蔡博藝的過程中我始終很小心。某些片段能不能剪進片子裡？對她會有什麼影響？原本預想，如果考量周到、輿論掌握得宜，應該不至於讓她有安全問題。沒有想到，結果是我自己在台上的發言，反而可能會對她造成最大的影響。在影片完成之後，我們就已經約定好，為了兼顧讓這部片能夠上映、被看見，又能保護她的安全，接下來我們兩個人就不要再聯繫了，讓這部片就保持為我個人的詮釋，和她沒有關係，以避免有任何勢力會見縫插針，干涉這部片的能見度。也因為這樣，在我心目中，這部片是朝著「我們三個人，最後都朝著自己的路走，每一個人都是獨立的個體」的方向收尾。我們兩個的共識是，**我們都只能為自己的行為負責**。然而，在金馬獎頒獎典禮發言後，事情發酵和影響的程度已經讓我沒有辦法如此天真單純地面對了。有太多幽微的遭遇，發生在暗處，卻不可以公開說出來。

## 不一樣，你這個是台獨欸！

我很想跟主辦單位道歉。他們準備了這麼多，但是最後的AFTER PARTY中國影人都不能參加，場面很冷清，大合照也取消了。

金馬獎的聯繫窗口對我們很好。我問她怎麼辦，搞成這樣是不是因為我造成的？她都說沒事、不要擔心。我反而很愧疚，覺得是不是該去道歉。但我和公司同事討論之後覺得，現在去又能講什麼呢？就算是私底下去談，也好像是在討拍。他們很忙，很累，要處理這個意外已經很困擾了。如果我們去道歉，他們還得處理我們的情緒。以他們的高度，一定會說沒關係、不是妳的問題，就算心裡很煩，還是得要安慰我們，這樣子反而更造成他們的困擾。所以最後我們選擇不去。

檢討起來，這好像是政治敏感度的問題。為什麼我會沒事先意識到這席話的嚴重程度？我自己分析了一些原因。因為我一直以來關注的是台港中公民社會，我接觸的通常是支持社會運動、支持公民社會和公民意識的人，大家在立場上縱使不同，但都是可以溝通的。我比較沒有機會接觸到中國民間的一般人、演藝圈或是政商界，所以我沒有意識到這段話會造成這麼嚴重的影響。

有人把我這個事件比喻為主人請客——我是毛小孩，金馬獎的主辦方是主人，來到台灣參加金馬獎的中國影人是客人——你明明知道這些客人不能吃肉，卻偏偏要去跟他說肉很好吃。

但從我的角度，如果硬要從主客的方向來看，這場飯局的主人的確是金馬獎，在場的台灣人和中國人卻都是客人，客人們要說什麼話，主人不會干涉。尤其我這位客人說的這些話，並不是想要強調肉好吃，而是想要讓另一些客人、其另一方的政權理解，我有一些長期以來不被尊重的感受。在我腦中，這其實是兩種截然不同的畫面，在說這些話時，我的確沒有把自己視為「可以吃肉的人」，沒有認為自己是比另一些客人享有更大自由、因此才可以選擇說這番話的人。

另一件我沒有考慮的事，就是快要選舉了。我原以為這是一部紀錄片，看過的人也不多，就算說了會讓中國政府不高興的話，造成的影響也有限。前一年最佳紀錄片獎的得主是中國導演馬莉，她在台上發表感言時，一開頭就講了低端人口，那對中國而言也是禁忌話題。因此在轉播的時候曾經被中國斷訊。我原本預期事情再嚴重，頂多也就是這樣而已。我沒有想到，事情變成來台灣參加影展的中國影人會形成一種氛圍，對我和主辦單位造成壓力。這些來台灣參加影展的中國影人，不管是出於自己相信「兩岸一家親」，要伸張中國主權，或是因為被盯著，不得不表態，那都是因為有一個強力的中國政府在他們的背後干涉，使得他們必須這樣反應、這樣行為、這樣思考。

我也發現，我在政治敏感度上少了根筋，抓不到中國政府言論禁忌的層次與底線。有一次，我和陳為廷還有其他朋友聊天時，談到另一部正在參加中國影展的新片，中國的「一条」[8]視頻媒體作了一支影片訪問可尚導演，結果突然爆紅，網路上的點閱率超過一百萬。他們都看到了，於是陳為廷開玩笑說《我們的青春，在台灣》以後的宣傳點可不可以主打：「『一条』不會報導」？他認為「一条」一定不會報導。我說不一定啊，我研究過「一条」做的影片，他們曾經訪問中國導演王男栿的紀錄片《流氓燕》，那也是一部禁片。但「一条」居然有訪問，好像尺度也很勇敢。但他們異口同聲地說：

「不一樣，妳這個是台獨欸！」

這事發生在片子完成以前。我當時有些不以為意，因為我沒有意識到，「反抗意識」與「台獨」在中國是兩個不同的敏感層級。其實國族議題摻雜了太多情緒，不只

8 中國一間媒體、電商公司，以製作提倡生活美學的短片聞名。

是反不反抗政府而已。陳為廷和其他朋友都能立刻意識到這點，而我卻無法。這可能也導致了我沒有提早發現到這件事的嚴重性。

金馬獎後，台灣就進入選舉前的白熱期。那次選舉，中國政府投注了很多資源在宣傳兩岸統一的意識形態。我的發言發生在選舉的前一週，而且又引起那麼大的關注，多少打亂了某些選舉的宣傳節奏。後來有很多媒體評論說，這是民進黨的選舉奧步。我覺得，這是因為他們在緊張，所以要趕快把我說的話，跟他們要對抗的陣營綁在一起。受到中國勢力影響的媒體，都把我說的話跟鄭麗君、蔡英文的發言做成一個版面，批評我說錯話，讓金馬獎蒙上陰影。很多人其實沒有看頒獎典禮，只以為是我說錯話、害了金馬獎。

連我外公都打電話給我說，欸？妳說錯話囉？

我說：「我沒有覺得我說錯話，是『他們』覺得我說錯話。」

他說：「好啦好啦，恭喜妳。」

家人還是為我得獎而開心，即使我媽也是。

我媽的反應很有趣。我邀請她一起出席頒獎典禮，但她說懶得去。結果我得了獎，她超級高興，自己在家裡大喊大叫，還馬上發了一篇文，說我們家的才女傅榆得獎了——她有五千個好友，經常在臉書上發表激進言論，批評民進黨，粉絲比我多太多了。但她發了那篇文後，立刻開始出現質疑的留言，質問傅榆為什麼要講這樣的話？紛紛罵起我來。我媽嚇到，趕快把它刪掉。後來在我臉書上與這個事件相關的討論串，還會出現一些罵我爸媽的留言，甚至把《大家一起照鏡子》裡的畫面截圖，說傅爸傅媽是印尼人、馬來西亞人，說我是東南亞來的雜種云云，真的很恐怖。

我很擔心爸媽受到影響，因此我在家族的群組裡問他們，有沒有怎麼樣？我媽若無其事地說沒怎樣啊、怎麼了嗎？對於我的得獎感言，我媽沒有特別表示什麼，我猜她可能一直都覺得，我就是這樣的人，喜歡跟她唱反調吧。到了過年的時候，我有點擔心，因為不管是我家或我老公家，在政治立場上都比較偏藍。我本來擔心過年的時候會被質問，結果沒有。雖然我可以感受到，有些親戚不認同我的行為，只是不會在我面前說。矛盾的是，這樣私底下的耳語，反而讓我更難受。

到了我自己的外公、外婆家，情況就好得多了。外公、外婆老了，吃飯的場合很少講話。反而是我阿姨、姨丈、舅舅、舅媽，一直聚焦追問我金馬獎發生的事情，他們在電視機前面看得很開心，都不認為我的立場上有什麼問題。舅舅、舅媽本來就比較不藍。阿姨的政治傾向本來是跟我爸媽比較接近的偏藍，但後來我聽媽說，姨丈家比較綠，她有可能間接被影響，已經改變了。總之，在外公、外婆家我沒感受到不友善的氣氛。

他們很好奇，我媽到底如何看待這件事。畢竟我媽應該是心裡最矛盾的人了。女兒得獎對她而言是快樂而光榮的，但罵我的人卻都與她的政治傾向相同，各種言論還連帶汙辱到她，可能會讓她很難受。

我依然沒有真的去問問看，我媽到底怎麼想。

倒是後來我接受Bios Monthly的採訪文章刊出，她只在意一件事情——訪問裡寫到我爸是馬來西亞華僑，我媽則是九歲從印尼來的——我可能忘記講到「華僑」——她很在意別人會把她當成印尼人，而不是華僑。她說：「妳這樣子會讓人家覺得我是印尼婆欸。」她的價值觀依然如此。妳可以說他們是印尼來的、馬來西亞來的，但在她心自中，他們是華僑，是高人一等的。這種想法根深蒂固，無法改變，我只能說，我請對方修改。

我的政治對話實驗，從父母世代的藍綠、年輕世代的藍綠，一路追索到台港中公民社會，最後想要親自向中國政權及心中的對象說點話，卻得到這麼強大的反擊。從這個事件看來，我所期望的對話好像是失敗了。我想，如果可以重來，我會先跟別人討論，我該怎麼講才可以讓人家感受到我們需要被尊重，又不會落到只是立場的表達和互貼標籤。文字是很微妙的。我相信還有更好的說法，可以不減損我的想法，又不會造成那麼大的反作用力，還能夠讓更多人聽得進去——就算不是立刻贊同，至少留下一個種子在心裡，有一天會成為他們願意再進一步更了解台灣、更認識台灣所需要的主體性的契機。

但對話真的完全失敗嗎？我也沒有那麼悲觀。這件事雖然真的造成很大的影響，但有人向我回饋一個故事——這是事件之後最令我感動的一次——他是一個在中國唸書的台灣學生，當時他和他的中國同學在一起看金馬獎轉播，看到了這段發言。平常他們沒有聊過這些話題，他一直很想表達，卻始終沒有機會。就因為看到了我這段發言，他們開始聊起來了。對話的過程很理性，他們是真的瞭解彼此的感受。這讓我超感動的，原來還是有人因為這樣，開啟了一些對話。我相信世界這麼大，不會只有這個人有這樣的經歷，同樣的對話可能也發生在其他角落。這是讓我不至於失去希望的原因。

## 金馬事件的影響

金馬獎之後還有種種事情持續發生，我親身體驗到中國因素如何直接而強力地影響台灣人的處境。我真的感受到了，那些壓力，是透過種種非正面的方式，累加在我、以及我身邊的人身上的。

中國政府的壓迫讓我產生一股強烈的憤怒情緒，卻難以言喻。後來，我看了中國導演應亮的作品《自由行》，立刻就對片中主角的氣憤感同身受。我透過看到了另一位導演在他作品之中的表達，而能夠解釋發生在我身上這種情緒的由來。這就是誠實的創作對人世間的貢獻吧。創作者是在誠實地表達自己，也會讓其他有相似經驗的人感同身受，而理解自己正在經歷什麼。

應亮是一位中國導演，因為拍了一部涉及敏感議題的作品，被禁止回家鄉。他只能留在香港，成為一個流亡導演。他把自己的故事寫成一部自傳，還拍成電影《自由行》。片中，他將自己轉化成為劇情裡的一個女性角色，身份同樣是流亡的導演。其他出現在片中的角色還有導演的老公和她的媽媽。

片中，由於流亡導演本人不能回家，媽媽無法在中國和她見面，只好假借自由行的方式來台灣和女兒碰面。電影裡的女導演一直處於很生氣的狀態，不知道在氣什麼。她看到導遊總是對他們提防東、限制西，很怕會受到他們的牽連；但她的媽媽、她的老公卻得對導遊客客氣氣，卑躬屈膝地道謝。她非常憤怒，引出了很多內心戲。我在看這部片的當下，非常能夠理解。我懂她在氣什麼，那是一種好像自己做錯了什麼，才會害得自己的家人得要這樣卑躬屈膝的感覺。那個憤怒，是氣自己，也氣他們為什麼要這麼屈服於強權。她會生氣，是因為感受到強權的力量正透過她的家人，一股腦地往她那邊壓——我雖然沒有到要流亡的程度，但我也可以感覺到，中國的政治強權**絕不是個抽象**的議題。它對個人施加的壓力是非常具體的。

很多人不覺得中國因素真的會對我們造成影響，我卻真實地感受到了。可是我也很難讓大眾理解我的感覺，正如同影片裡面的女導演，即使是身邊親近的人也無法感同身受她的氣憤和無奈。在別人眼中，或許可能也會認為，金馬獎之後我看起來好像沒受到任何影響，甚至還得到了很多人的支持。

我確實是因為得到許多支持，才能確認自己並沒有完全做錯。比起其他許多受到更大壓迫的人，我受的傷沒有那麼重。大家都說我被網路霸凌，但這些來自於網路的指責跟誤解，我並沒有讓它們進到心裡，更不致於因此一蹶不振。即使有些人用很難聽的字眼，或用照片亂拼貼剪接來罵我，我也都不會放在心上。因為我能解構他們這些言詞、行為背後的原因，是有更大的勢力正在運作。

還有些人用激烈的措詞說，我為什麼要做這種事傷害台灣、認為我應該向李安導演道歉。對這些話我也不會因此而受傷。因為我知道說這些話的人，他們的話語體現的是背後複雜的意識形態；他們討厭三一八、討厭台獨、用辱罵的方式來否定我，是因為他們覺得自己先被否定——台獨的主張基本上是在否定他們的價值觀，三一八運動反抗國民黨政府也是在否定他們的價值觀，所以他們用攻擊的姿態來看待我的言論。我並不會對他們那麼生氣，因為我可以理解每個意識形態背後，都有一連串的人生故事。唯一會讓我真正有感覺的，是有些人認為我太過自私，不夠體貼、沒有注意到現場其他人的處境跟想法，這點我覺得，我確實需要反省，我也真的在反省。

# 第八章　對話持續進行

## 回頭看藍綠

觀察了這麼長一段時間，如果讓我用很粗略的方式劃分，我覺得在台灣比較支持國民黨的人，還是比較偏向保守，並且總是期待經濟變好。不過類似兩黨制的美國，國民黨比較像共和黨，民進黨比較像民主黨，但這兩個政黨基本上都還是比較偏右。雖然大部份國民黨的支持者偏向保守，卻不代表民進黨的支持者民主的素養就比較高，否則不會在同志議題、經濟發展的論述上，民進黨內還是會有很多人發出與國民黨相似的意見。到頭來，在台灣，政治立場的劃分，最主要還是來自統獨的分歧。

雖然如此，但國民黨大部分的支持者卻不是嚴格定義下的統派，尤其年輕人往往搞不懂統獨真正在爭吵些什麼。大部分支持國民黨的年輕人應該比較偏向所謂的「華獨」，只是不自知。他們不喜歡中華民國被污衊，並且認為台獨就是要消滅中華民國

——也確實有很多民進黨的支持者是抱持這樣的主張——所以他們討厭民進黨。

但其實就我所知，民進黨內部也在尋找最大公約數，有基本教義的獨派，但也有人傾向與華獨的支持者合作。不然民進黨的黨綱不會主張台灣是一個主權獨立的國家、它的名字叫中華民國、它的前途要由兩千三百萬人決定。這些主張背後的意思是，它現階段就算不情願，也得要承認中華民國這個名字。在尚未有機會進行大型的整體討論前，我認為這個主張應該算是現階段普遍台灣人的共識。我們未來當然需要再討論它要叫什麼名字，但它目前的確就叫做中華民國。

「台獨」在不同人心中的理解可能是不同的。對中國來說，台獨當然就是等於從中國分裂出去，但對獨派來說，其實台獨主要要對抗的是國民黨的中華民國。而我認為中國政府跟國民黨就是利用這個概念的模糊性，造成台灣人對台獨的誤解。

如果一直讓生活在台灣、信仰的「中華民國」的人相信，「中華民國」會被現階段的民進黨消滅，當然造成他們的危機感，導致台灣內部無法細緻討論對話、尋找出共同的最大公約數，在我看來，那反而會讓對台灣主權虎視眈眈的中國政府有見縫插針的機會，會運用各種不容易被查證的手段，使得我們的國家有可能從內部裂解。事實上，現在的台灣已經走到類似這樣非常危險的狀態了。

做完了《我們的青春，在台灣》，接下來我想要再和多一點所謂同溫層外的人聊聊，例如年輕一代的國民黨支持者。雖然我們彼此的價值觀已經很不一樣，但我也很想知道他們怎麼看現在的台灣局勢。我認為如果一直把支持國民黨的人排除於台灣之外，用比較仇恨的方式看待他們，會更把他們推向中國，對台灣而言其實是更危險的。所以我一直想讓這兩邊的人透過理性對話共同發覺：自我認同為台灣人的意識究竟為何，不管你支持哪個政黨。

就我的觀察，現今的台灣人，似乎又有很大的比例重回三一八太陽花運動爆發前的狀態：期待改變，但感覺自己無力做些什麼，所以有些人會認為「一切都不會改變」，或容易受到有號召力的領袖吸引。可是他們之所以希望「改變」，動機是出自於對傳統藍綠政治先有了刻板印象，覺得藍綠一直在惡鬥、藍綠一樣爛，如果有人跳出來說自己不一樣，不要藍也不要綠，我們是中間、民生第一，對這些反射性認為「政治很髒」的人而言，便很有吸引力。但我認為這些都是便宜行事的說法。他們沒有去看藍綠政治背後的成因，這和原本的我很相似。

「民生第一」這個說法我比較不能接受，因為台灣到現在都還不是一個正常國家，民主體制的健全程度隨時都在被中國影響著，也隨時都有可能失去獨立自主的生活方式。所以如果只注重民生，那很可能會忽略掉很多實際存在的危機。藍綠真正的問題是大多數人沒有強大的動力回頭去爬梳它的根源，導致陷入扁平的討論。這樣的結果，相對而言，其實是讓本應為台灣過去政治壓迫的歷史付出更大代價的國民黨得利。透過我這幾年對轉型正義的認識，我認同的說法是：國民黨在台灣不應該還有現在的地位。如果它一直不把事情說清楚，而且可以繼續在台灣尋求它的利益，那就會像《藍綠對話實驗室》裡的中國學生宇晨說的，國民黨可以一直把民進黨壓下去，民進黨會一直被妖魔化；總是陷入統獨爭議淺層論述的藍綠政治就會持續下去。

三一八後，有些人以為國民黨已經不行了，想要讓第三勢力的新政黨成長茁壯，跟民進黨變成兩大政黨的良性競爭，我不否認這個理念的重要性，但現階段看起來似乎有點跳脫台灣的現實處境了。因為我們沒有爬梳歷史，建立新的、民主的價值觀，所以即便可以政黨輪替，但國民黨仍然可以在短時間內喚回原本和他們價值觀相近的支持者。如果像我這樣的轉向者沒有越來越多，那他們就還是會用我原本所相信的那一套，繼續讓這些人相信他們，進而使台灣的前途走向越趨近兩岸統一。所以我才會那麼想要對話，我自己既然有可能轉變，那比我年輕的人應該更有機會，他們只是需要時間，需要改變想法的契機。何況以我自己的經驗，不到十年，我的想法就完全不一樣了。

經過歷史爬梳所產生的價值觀改變，比較穩固，不會輕易回復為原來無知時的狀態，但還是有可能會對改變、對對話失去希望。就像我在《我們的青春，在台灣》拍攝的後期，曾經一度覺得改變很難、好像是不可能的事，失去了想要推動改變的動力。二〇一六年，政黨輪替之後，那種失落感普遍一直存在於台灣社會，而且越來越嚴重。當我們的推進力越來越小，對手的勢力就越來越大，然後產生像現在這樣普遍自我懷疑、停滯不前的局勢。我意識到，最困難的關卡其實終究都不是來自外在環境，而是來自那個一面對困境，就容易放棄的自己。

然而，當《我們的青春，在台灣》上映時，我正處於正能量充滿的時候，有時也能開始扮演起激勵他人的角色。這是因為完成這部片不久，我從原本軟弱的自己，稍微成長了一些，找回了屬於自己的能動性。我開始希望，我能用一種「儘管知道改變很難，但還是不至於失去希望」的態度，來面對接下來的各種挑戰。

# 台港中公民社會的重新反思

中國因素始終是中港台公民社會共同的挑戰。大家雖然可能有不一樣的歷史想像，卻還是有可能透過對話與共同目標而團結起來。

二〇一三年八月我曾和蔡博藝去香港參加一個連結兩岸三地的營隊「啟鳴」。這個團隊很用心，主導者是一群台灣人、香港人和中國人，他們都有共同的理念、對彼此友善，希望有更多人一起來創造對話的機會。因為這和我想做的事情很像，所以我想知道他們會怎麼設計活動，便和蔡博藝一同去參加。其中一場活動叫做「歷史時間表」——中國常把台灣、香港看成是他們的領土，但我們卻無法有共同的感覺，這是因為大家的歷史時間表並不相同。同樣的時間點上，三地的社會在關心的其實是不同的事情，如果對各自的歷史時間表缺乏認識，就很難對話。於是，「啟鳴」營隊透過這個活動環節來釐清，一九八九年的時候中國發生了什麼，但台灣是什麼情況？那台灣一九九〇年發生野百合的時候，中國又是什麼情況？至於在所謂中華民國「建國百年」起算的民國元年，當時是日本殖民地的台灣又是什麼情況呢？這樣去表列出來，中國的朋友才會很明顯看到，彼此的歷史感是不一樣的。而啟鳴的活動組織者厲害的地方在於能夠用很視覺化的方法，去呈現這種複雜問題。

還有一個更厲害的活動叫做「政治模擬」遊戲。他們把台港中的參與者大概有四、五十個人分成四組，並且把背景相同的人打散：一組扮演國民黨、一組扮演民進黨、一組扮演共產黨，還有一組扮演香港的民建聯。

每一個組都被設定一個目標，國、民兩黨就是要拚在台灣選舉中勝選，共產黨設定的目標就是要成功擋下台灣的軍購案，那香港民建聯的目標似乎是安全下莊——我甚至有點忘了他們的目標，因為他們也在這個遊戲裡一直很邊緣。扮演香港民建聯組的成員們甚至對這個黨不太熟悉，不曉得要以什麼角度去扮演它，所以他們一開始花很多時間查資料、建立自己的角色認同，然後一起呼口號：真誠為香港！大家真的都很入戲，為了要贏得遊戲，就要把自己內化成自己的角色。所以有趣的是，大家明明都不認同共產黨，但是扮演起共產黨的時候卻是唯妙唯肖。

那時候，除了「啟鳴」之外，也還有其他類似的活動跟組織，我感覺得到這是一種風潮，三地的人正在自主地透過活動增進認識彼此。當時香港在兩岸三地公民社會中的角色還有點像是中繼站，中國人要到台灣很麻煩，台灣人不免對中國有些排斥，因此，這種活動最適合辦在香港。

到了雨傘運動的時候，有一部分的香港人自承受到三一八運動的影響。感覺好像台港中公民社會真的能夠互相串聯、彼此鼓舞。我之前去香港認識的學聯會會長陳樹暉，在二〇一四年雨傘運動之後也來台灣交流。他說，台灣發生三一八運動，激勵他們以更強硬的手段爭取權益。

現在回顧起來，二〇一三年之所以能夠發生這麼多的三地交流活動，是因為那時的言論尺度比較開放。三一八之後，陳為廷已經不能進入香港。雨傘運動之後，黃之鋒被判刑，短期內也不能再來台灣。接著，二〇一七年三月又發生李明哲在中國被逮捕監禁案，三地之間交流的空間，一度似乎變得越來越小。

這也代表中國政府的確感受到了威脅。他們發現野火可以燎原，局部動能的匯聚不容小看，一不小心就容易大到不可收拾。所以他們開始切斷交流的可能性。後來，香港的送中條例似乎也是試圖要強力切斷台港中之間政治能量串聯的機會，台港中公民社會的想像遇到了阻礙。

前陣子我邀請吳介民老師來看片，藉機和他聊了一下這方面的問題。因為吳介民老師提出的「第三種中國想像」深深影響了我和陳為廷，幾乎就是貫穿在《我們的青春，在台灣》這部片背後的思考脈絡。吳介民老師說他先前在台北電影節看完這部片時就已經有一些想法了，但那時老師正忙於新書《尋租中國》的撰寫，沒機會深談，這回他終於有比較充裕的時間和我討論。他說的確，在他寫《第三種中國想像》的當下，確實還有較為公開交流串聯的可能性，但時至今日，由於中國的言論尺度緊縮，這種可能性已經趨近於零，需要思考新的、較契合現況的論述。所以這不只是我的錯覺，專門研究中國的學者如吳介民老師的觀察也是如此。我最後剪輯成這部片的時候，因為如同前面說的原因，口白的敘說上走感性路線深挖內心、表達我當時的感受，這樣另一方面的結果是顯得有點柔弱悲觀，特別是講到陳為廷被遣返就彷彿覺得一切交流的努力都沒有意義，連陳為廷都有點緊張，覺得我這樣講太誇張了。

有位社運的夥伴，曾經在片中出現，他是議場內會議的主持人。我也邀請他來看片，事後他寫了一篇文章叫〈青春，青春之後〉發表於網路媒體《思想坦克》。文章裡有一個重要的論點正是認為我太過悲觀，兩岸公民社會的交流不會因為少數幾個人無法入境而終止，台港中之間很多組織在地下還是有程度不一的往來，因為他主要關注的是環境運動，所以在這方面他可以舉出一些仍有往來交流的案例。不過，這是因為環境運動不完全是針對中共政權，所以彈性會稍微多一點。但如果我們想要凝聚的跨海峽公民社會是政治的指涉性較強的、是針對中國政權的異議，那我並不算悲觀，而是實情如此。我們必須再去思考別的論述，探索台灣如何面對中國政府。

我現在也還在觀察，因為台灣與中港之間的局勢還在混亂中，台灣的未來到底該怎麼走？比較浮泛的一點的說法就是：要自己想辦法，而不是把期待投射到其他地方的人身上。台灣也必須面對自己內部的問題，像是反媒體壟斷時期，就已經有非常多人提出警告，擔心中國因素會影響台灣媒體，為何如今還是在無形之中已經發生了？這代表當時所宣揚的價值，並沒有真正深耕到大家的心裡，所以總是需要發生事件、有人登高一呼，才會喚起更多人的危機意識。

從反媒體壟斷到三一八，有意識到這些問題的人，在推動運動的過程之中，可能曾經充滿希望，後來卻因為種種的原因失望了。有些人因而感到，社會運動似乎沒有辦法長久，但也不知道自己還能做些什麼。所有曾經投入在社會運動中的人，都會面對人生階段新的選擇。曾經熱烈投入，沒有產生改變，仍然會讓人在離去時悵然若失，彷彿徒勞一場。有些人看得更深入，會知道事情沒有那麼單純，內部滲透、買粉專、假新聞——甚至不用到假新聞，只要用惡意下標的方式就能影響他人。很多人對此感到焦慮，又不知道該怎麼辦。世界究竟會不會改變？我們究竟該不該相信，改變終有可能會發生？

我沒有那麼焦慮。我知道有很多問題還沒有得到解決，但一直焦慮也不是辦法。我們能做的，不就是讓更多人意識到該被關注的問題嗎？這其實也是《我們的青春，在台灣》這部紀錄片想做的事情，一方面，希望藉由我的坦白和省思，讓曾經參與運動，後來感到灰心的人找回一點動力，繼續走下去；另一方面，讓沒有經歷過這些運動的人，透過這部片，能更了解這些抗爭運動想提醒社會大眾注意的問題。所以當有觀眾說他對目前社會狀態不知道該怎麼辦的時候，我會說：我也不知道「你能怎麼辦」。但我能做的，就是透過我的反省，用我的影像紀錄，讓議題被更多人看到。這也是為什麼我會想在金馬獎頒獎典禮台上說出那番話的原因之一，因為這就是我自己身為一個行動者所能做的事情。

在所有映後座談的場合，我會一次又一次地向觀眾強調，身為一個紀錄片工作者，我可以分享我的經驗，但沒辦法滿足你的期待。如果你們把期望投射在我身上，想從我身上得到答案的話，那你們也陷入迷思了。這不正是在跟片中的我犯下一樣的錯誤嗎？

如果我們要一起向前走，需要先從意識到自己受傷了開始。在台灣，因為我們過去的歷史與現在的政治環境，許多人在成長過程中或許都曾受過一些傷，被排擠或劃地自限、溝通時撞上預設立場的牆、感到說出口的話被曲解，和身邊甚至最親近的人也溝通不了，等等。我們或許都曾經覺得孤獨，懷疑自己做錯事、說錯話，在路途上失去熱情和夥伴。但是，如果我們要一起往前走，就要從意識到自己受傷了開始。畢竟，這是我們共同的故事。雖然是共同的故事，卻又需要每個人有自己的「主體性」。

這是一趟追尋「主體性」的旅程。或許，青春的本意就是如此。我們都要經歷青春、青春的傷痕，而最終成為一個個有主體性、有信念，成熟的人。

# 後記

在寫這篇後記時，其實我的正能量狀態已改變，進入另一個階段了。

我一直以為，做完《我們的青春，在台灣》，我就已經逐漸脫離青春期，經歷了人生中最重要的一次自我成長。但事實上，並沒那麼簡單。

忘了在哪裡看到過一段極度認同的概念：人的一生中會經歷三次成長。第一次，是發現自己不是世界中心的時候。第二次，是發現再怎麼努力，還是有無能為力的時候。而第三次，是即使無能為力，但還是願意繼續做下去的時候。在做完這部片之後，我以為我已經經歷了這三次成長。

然而，在經歷金馬獎的風波之後，我才發現，人的成長不是直線前進的，也有可能倒退。「青春」和「成熟」，並不是可以一刀切開的。最理想的狀態，是即使成長了，仍能保有青春之心。而最重要也最困難的成長，其實是認識真正的自己，想要什麼。

儘管距離那個時候已經接近一年，在台上的那幾分鐘，在我腦中經過了無數次的重播，重複的質疑自己、安慰自己，又再一次的自我質疑，沒有停止過。儘管很多人會想讓我知道自己沒有任何做錯的地方，理性上，我也希望自己這樣認為。但我也必須說，經過了這一次，我最深刻的領悟，就是真正的「青春」與「成熟」並存，是願意承擔起責任，去做自己真正想做但需要衝勁甚至是傻勁的行為，那，才算是真正在實踐屬於自己的信念。而我，誠實的說，原本在頒獎典禮的舞台上，並沒有認知到所有的代價。我在那個當下，的確處在青春熱血的狀態，而代價之大，到現在還持續累積在我與身邊的人身上。

青春很美好，美好的是敢於夢想，敢於衝撞，一切都充滿希望。但是，一個人不可能永遠耽溺於青春美好的一面，而不願前往下一個階段。若果真如此，人便無法成長，無法進步。這不只會發生在人身上，也適用於國家。尤其是我們這個極度年輕的民主國家。如果這個國家總是沒有辦法向前走，或許最大的原因，是沒有意識到自己仍然青春，甚至莽撞，但卻總是自詡成熟，對已有的民主，充滿優越感。

這個問題可能出現在每個台灣人身上，包括我自己。人是非常容易自我催眠，甚至自我膨脹的動物。當我因為說出許多人心中想說卻沒有機會說的話，而受到歡迎與期待的時候，我也一度以為，在那些當下為理念發聲，或許是我天生的使命，捨我其誰。那段時間的我，是驕傲的，而難以同理有相似理念但無法自由發聲的他人。回看當時的我，其實是連自己都討厭的。一直到現在，身上承擔了責任，我才能理解**那些不能諒解我的人，他們身上可能背負了什麼**。但眾人的擁護，容易上癮，難以拒絕，再如何期許自己能自省，都免不了迷失於誘惑，而越來越不可一世。經過了一段時間的沈澱，我發現，自己快要扭曲了，也發現自己其實並不想繼續接收這種期待，更不想承擔隨之而來的責任。我寧願在此時，讓各位對我失望，甚至認為我不負責任。

以上這些話，可能對因為我金馬獎上發言感動，而想看這本書的人來說，一點都不動聽。

但這本書的出版，並不是為了取悅任何人。如果這本書能對任何人產生意義，我由衷希望，那是來自於透過我對自我厭惡的揭露，而使得讀到這本書的人，因為這最後不愉快的閱讀經驗，拋棄曾經對我的期待，甚至從中質疑，自己究竟在期待著什麼？

在今時今日，距離我們不遠的香港，已經持續發生了超過四個月的抗爭。前段時間，我幾乎每天都處於焦慮狀態。雖然不是香港人，但我心中在對抗的，與那些不放棄抗爭的香港人相通，也透過我拍的紀錄片，讓許多人知道我的態度。而我焦慮的是，我如此關心這件事，卻因為自己正處於自我質疑的矛盾狀態而什麼都不說，這樣行嗎？對得起自己擁有的發言權嗎？

香港反送中運動正如火如荼進行，不僅超過兩百萬人上街頭，更發展出一連串無領袖且來去如水的抗爭時，我正在海外巡迴放映《我們的青春，在台灣》，因為主辦單位們都知道這部片與香港有關，所以當各地都有自發性聲援香港的活動，就會希望我一起參加。甚至在某個放映場合，有匿名的香港觀眾，希望我能為香港的抗爭民眾說幾句話。

當下，我又再度感受到了加諸在我身上的期待，而不舒服。這也迫使我開始認真思考，我真的想要這樣一直發言下去嗎？所以當下我由衷地說，我認為我沒有資格「為」香港說什麼，因為事實上是我正在和香港人學習，學習每個人都是為自己而戰，沒有人需要當領導者。這原本只是個理想，但此時此刻，香港人正在實踐。但回過頭想想，既然如此，我又為什麼會因為有發言權而選擇「不發言」，而有罪惡感呢？

就在此時，我有了新的體悟。

我突然感覺到，當初的發聲，是一種自由，但隨之而來的，不只是他人對我投射了過度的期待。而是連我自己，都漸漸開始又犯下片中曾經犯的錯誤。只是，我這次投射的對象，竟然是我自己。這次，是我自己的期待，限制了自己「不發聲」的自由。

如果我持續地把發聲的責任當成屬於自己的重擔，因為種種壓力無法發聲而感覺受到束縛，那實在是又陷入另外一種陷阱了。正因連自己都把自己當成重要人物，所以想要持續累積聲量，累積能見度，累積存在感。其實是潛意識裡，期待自己留在戰場，繼續被看重。

但是，當我在臉書上一天天看著一個個不具名甚至不露臉的香港人，不受任何領袖的指令，自發地為著共同的目標上戰場，卻也有著極大的自制力不留戀戰場時，心中其實頓時充滿了羞愧。我其實，的確在金馬發言意外獲得關注之後，開始產生了自以為是的優越感。然而，這正是違反了《我們的青春，在台灣》這部片裡面，我自己想要傳達的精神與信念：因為我們總是投射過度的期待在他人甚至自己身上，所以我們始終難以正視自己這個個體的本質，更難以產生獨立的個體與個體之間**真正平等的對話**。這種對話，永遠不可能在任何一方帶有優越感時產生。而這，才是我心目中，真正想要追尋的目標。

透過這本書的回顧與爬梳，我漸漸認知到自己的本質，發現自己對政治的探索，是長期的。而現在的自己，正走到不是用發言，而是想繼續用作品來溝通的階段。現在最想做的，是和影像創作的夥伴繼續一起做事。我希望自己可以從被他人與自己期待的角色離開，當下一次再出現時，能夠是成長後的自己。

但總有人會問，難道長大了，就必然不再青春，甚至老成了嗎？在這篇後記的最後，我想引用一路上陪伴我創作的沈可尚導演為《我們的青春，在台灣》這部片所下的一句註解：「只有信念，是不會和青春說分手的。」而我的信念是，無論成長到什麼階段，或前進，或倒退，我永遠還是相信，只有願意對話，才有可能帶來真正的改變。透過紀錄片。這是屬於我的發聲方式，是即使只剩下我一個人，也能永遠持續下去的社會運動。

附錄

# 《我們的青春，在台灣》——國際巡迴演講文*

各位貴賓大家好，我是《我們的青春，在台灣》的導演傅榆。謝謝大家百忙之中抽空來看這部來自台灣的紀錄片，我真的感覺非常榮幸。

會有這樣的機會，我想都是因為這部片在台灣獲得了金馬獎，那是屬於台灣電影的最高榮耀。然而，我也知道能有機會站在這邊和大家說話，並不只是這個原因。在頒獎典禮的舞台上，我說了一段非常想為這部片說的話，那段話，引發了非常大的爭議，還有非常單一的政治解讀。但我今天站在這裡，不是想重申我曾經說過的話，而是想讓在座的各位能理解，為什麼我拍這部片，會這麼希望能夠被各位看到。

《我們的青春，在台灣》這部片，很多人都以為它只是在紀錄五年前台灣發生的太陽花運動，那個運動是發自許多台灣的年輕人以及社會運動團體，為了擋下一個即將危及台灣經濟甚至政治主體性的貿易協定，而發起的運動。因為這是台灣二十四年來最龐大的一個社會運動，所以其實這裡面有許多許多不同的訴求參與在裡面。但這個運動之所以會引發這麼多人的關注，最大的原因，還是來自身為台灣人，我們面對著勢力龐大的鄰居，而我們身而為人的權利，始終不被尊重的不滿與恐懼。

然而，這部片其實絕對不只在紀錄這些。這部片最希望傳達給各位觀眾的想法，其實是身為一個人，就會經歷充滿熱血與衝勁的青春時期，和隨之而來的幻滅、妥協與成長，繼續嘗試讓自己成為一個更好的人。這種關於青春的探索，是全人類共通的。而在探索的過程中，我們都會犯錯。我認為最容易犯的兩種錯，一個是太容易小看自己的力量，另一個，就是當很多人寄予期待在自己身上的時候，還以為自己真的可以征服全世界。在我的片子裡面，甚至延伸到片子外面，我所有的主角都曾經差點犯下這些錯誤，包括我自己。而這些錯誤，就是導致人與人之間，沒有辦法互相尊重彼此身而為人的最大原因。

＊註：本文為《我們的青春，在台灣》於美國國會放映時，傅榆導演的致詞講稿。

我想再重申一次，這部片會有機會得到金馬獎，會有機會來到這裡，我想並不是因為它在倡議的只是單一的政治價值，而是因為它在探討的是普世的人性。它不只是一部關於台灣人的紀錄片，我也不是想讓各位知道台灣有多重要。這世界上有這麼多個國家，台灣一點也不特別。但是我真的非常希望有可能通過這部片，讓更多人理解到，台灣這個小小的地方，裡面有兩千三百多萬人，每個人都和各位一樣，獨一無二。沒有任何的政治實體，可以因為擁有龐大的政治權力，就無視我們的生存權利。或許這樣的想法很天真，過於理想主義，但這些就是我今天站在這裡最想說的話。我想，這也是屬於我的權利。謝謝大家。

# 年表：台灣政治、社會運動和傅榆成長重要紀事

| 年份 | 台灣政治、社會運動重要紀事 | 傅榆成長重要紀事 |
| --- | --- | --- |
| 1982 | | 出生於台北市 |
| 1984 | • 蔣經國、李登輝宣誓就任中華民國第七任正副總統<br>• 撰寫《蔣經國傳》的作家江南，在美國遭到謀殺 | |
| 1986 | • 鄭南榕等人在龍山寺前發起「五一九綠色行動」，主張解除戒嚴<br>• 民主進步黨於圓山大飯店宣布成立<br>• 增額中央民意代表選舉，選出八十四位國大代表、七十三位立法委員 | |

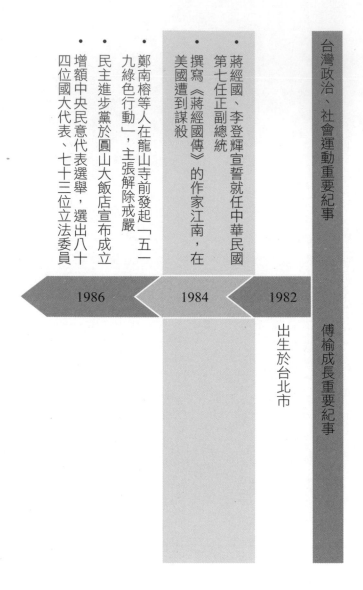

## 1987

- 七月十五日，政府宣布台灣解除戒嚴；同日實施「動員戡亂時期國家安全法」
- 行政院新聞局宣布隔年起解除報禁、開放受理新報登記

## 1988

- 總統蔣經國去世，副總統李登輝繼任總統
- 五二〇農民運動，南部數千農民北上遊行抗議農產品開放進口
- 全台各地客家民眾近萬人，在台北舉行「還我母語」大遊行
- 原住民團體在台北舉行「還我土地」遊行

## 1989

- 鄭南榕自焚
- 中國大陸發生六四天安門事件

就讀小學一年級

| 年份 | 台灣政治、社會運動重要紀事 | 傅榆成長重要紀事 |
| --- | --- | --- |
| 1990 | • 國民大會選舉李登輝、李元簇為第八任正副總統<br>• 野百合學運，又稱三月學運<br>• 李登輝總統提名郝柏村為行政院長，引發示威遊行，反對軍人干政<br>• 李登輝總統宣布特赦美麗島案受刑人施明德<br>• 國立編譯館決議將「二二八事件」編入教材 | |
| 1991 | • 蘭嶼居民遊行抗議設置核廢料場，要求停止將核廢料運至蘭嶼<br>• 李登輝總統宣布終止動員戡亂時期、廢止「動員戡亂時期臨時條款」<br>• 總統府支持行政院政策：以中華民國民意申請重返聯合國。<br>• 民進黨在高雄市發起「舉辦公投進入聯合國」大遊行 | |

## 1992

- 民進黨發動「四一九大遊行」，主張總統直選

## 1993

- 從國民黨出走的「新國民連線黨」成員成立新黨
- 各族原住民在台北市舉行「反侵占、爭生存、還我土地」大遊行

就讀小學五年級。後期開始受到排擠，延續到六年級畢業

## 1994

- 台灣省文獻會公布二二八事件一〇二四位死亡、失蹤者名單
- 教改團體舉辦「四一〇教育改革全民大結合運動」遊行
- 第一次台灣省長選舉暨直轄市長選舉：宋楚瑜當選省長；陳水扁當選台北市長；吳敦義當選高雄市長

## 1995

- 李登輝總統代表政府向二二八事件受難者道歉；同年立法院通過「二二八事件處理及補償條例」

| 年份 | 台灣政治、社會運動重要紀事 | 傅榆成長重要紀事 |
| --- | --- | --- |
| 1996 | • 台北介壽路改名「凱達格蘭大道」<br>• 中華民國第一次總統直選，李登輝、連戰當選正副總統 | 就讀國中三年級（對總統直選幾乎沒印象，那時只迷戀偶像。） |
| 1999 | • 「出版法」廢止，新出刊報紙、雜誌不須事先申請登記<br>• 李登輝總統受訪指出，兩岸關係定位在特殊的國與國關係（兩國論）<br>• 李登輝總統與作家柏楊共同為綠島人權紀念碑揭幕 | |
| 2000 | • 陳水扁、呂秀蓮當選正副總統，中華民國首次政黨輪替（對手為連戰與宋楚瑜） | 就讀政治大學廣電系 |
| 2001 | • 「台灣團結聯盟」（台聯）成立，以李登輝為精神領袖 | |
| 2002 | • 中華民國以「台澎金馬」個別關稅領域之名加入WTO | |

| 年份 | 事件 | 個人 |
| --- | --- | --- |
| 2003 | • 第一部「公民投票法」通過，保障國民有舉行公民投票的權利 | |
| 2004 | • 總統選舉前發生三一九槍擊事件；陳水扁、呂秀蓮當選連任正副總統（對手為連戰搭檔宋楚瑜） | 就讀大學二年級，開始有投票權 |
| 2005 | • 中華人民共和國通過反分裂國家法，民進黨舉行三二六護台灣大遊行 | 就讀台南藝術大學音像紀錄研究所 |
| 2006 | • 立法院通過廢止「國民大會代表選舉法」<br>• 民進黨前主席施明德領導「百萬人民反貪腐倒扁」運動 | 就讀研究所二年級<br>和爸爸一起參加「倒扁」運動 |
| 2008 | • 馬英九、蕭萬長當選正、副總統<br>• 海基會董事長江丙坤、海協會會長陳雲林恢復中斷九年的兩岸會談<br>• 野草莓運動；為抗議馬政府使用國家暴力侵犯人權，而發起的社會運動 | 完成研究所畢業製作《大家一起照鏡子》 |

| 年份 | 台灣政治、社會運動重要紀事 | 傳榆成長重要紀事 |
| --- | --- | --- |
| 2010 | ‧海峽兩岸經濟合作架構協議（ECFA）正式簽訂<br>‧台北縣升格為新北市，台南縣市、高雄縣市、台中縣市分別合併升格為直轄市，與台北市合稱五都 | 開始拍攝《藍綠對話實驗室》 |
| 2011 | ‧二二八國家紀念館成立；馬英九總統為二二八事件道歉<br>‧開放中國學生來台就讀學位 | |
| 2012 | ‧華隆勞資爭議爆發，自救會成立發起抗爭<br>‧全國關廠工人連線抗爭事件<br>‧反媒體壟斷運動 | 完成《藍綠對話實驗室》<br>開始拍攝蔡博藝，並持續拍攝陳為廷 |

**2013**

- 國道收費員資遣抗爭運動
- 苗栗大埔農地徵收事件
- 八一八佔領內政部事件
- 反六輕運動
- 各項反徵收運動（南鐵東移、桃園航空城）

開啟中港行（與陳為廷共同拜訪蔡博藝）

與蔡博藝共同參加「啟鳴」兩岸探索計畫

**2014**

- 兩岸服務貿易協議預計簽署，在立法院審查期間發生太陽花學運
- 反高中課綱微調運動

加入「七日印象」工作

**2015**

- 「時代力量」成立

**2016**

- 蔡英文、陳建仁當選正副總統

**2018**

紀錄片《我們的青春，在台灣》獲頒第二十屆台北電影節最佳紀錄片獎、第五十五屆金馬獎最佳紀錄片獎

● 親愛的讀者你好，非常感謝你購買衛城出版品。
我們非常需要你的意見，請於回函中告訴我們你對此書的意見，
我們會針對你的意見加強改進。

若不方便郵寄回函，歡迎傳真回函給我們。傳真電話—— 02-2218-1142

或上網搜尋「衛城出版 FACEBOOK」
http://www.facebook.com/acropolispublish

## ● 讀者資料

你的性別是 □ 男性 □ 女性 □ 其他

你的職業是 ________________ 你的最高學歷是 ________________

年齡 □ 20 歲以下 □ 21-30 歲 □ 31-40 歲 □ 41-50 歲 □ 51-60 歲 □ 61 歲以上

若你願意留下 e-mail，我們將優先寄送 ________________ 衛城出版相關活動訊息與優惠活動

## ● 購書資料

● 請問你是從哪裡得知本書出版訊息？（可複選）
□ 實體書店 □ 網路書店 □ 報紙 □ 電視 □ 網路 □ 廣播 □ 雜誌 □ 朋友介紹
□ 參加講座活動 □ 其他 ________

● 是在哪裡購買的呢？（單選）
□ 實體連鎖書店 □ 網路書店 □ 獨立書店 □ 傳統書店 □ 團購 □ 其他 ________

● 讓你燃起購買慾的主要原因是？（可複選）
□ 對此類主題感興趣
□ 覺得書籍設計好美，看起來好有質感！
□ 議題好熱，好像很多人都在看，我也想知道裡面在寫什麼
□ 其他 ________
□ 參加講座後，覺得好像不賴
□ 價格優惠吸引我
□ 其實我沒有買書啦！這是送（借）的

● 如果你覺得這本書還不錯，那它的優點是？（可複選）
□ 內容主題具參考價值 □ 文筆流暢 □ 書籍整體設計優美 □ 價格實在 □ 其他 ________

● 如果你覺得這本書讓你好失望，請務必告訴我們它的缺點（可複選）
□ 內容與想像中不符 □ 文筆不流暢 □ 印刷品質差 □ 版面設計影響閱讀 □ 價格偏高 □ 其他 ________

● 大都經由哪些管道得到書籍出版訊息？（可複選）
□ 實體書店 □ 網路書店 □ 報紙 □ 電視 □ 網路 □ 廣播 □ 親友介紹 □ 圖書館 □ 其他 ________

● 習慣購書的地方是？（可複選）
□ 實體連鎖書店 □ 網路書店 □ 獨立書店 □ 傳統書店 □ 學校團購 □ 其他 ________

● 如果你發現書中錯字或是內文有任何需要改進之處，請不吝給我們指教，我們將於再版時更正錯誤

________________________________________
________________________________________
________________________________________
________________________________________
________________________________________

| 廣 | 告 | 回 | 信 |
| --- | --- | --- | --- |
| 板橋郵局登記證 | | | |
| 板橋廣第1139號 | | | |

請直接投郵•郵資由本公司支付

23141
新北市新店區民權路108-2號9樓

**衛城出版** 收

● 請沿虛線對折裝訂後寄回,謝謝!

ACRO POLIS 衛城出版

*Being 01*

國家圖書館出版品預行編目 (CIP) 資料

我的青春，在台灣 / 傅榆主述；陳令洋採訪撰文. -- 初版. -- 新北市：衛城出版：遠足文化發行，2019.09
238 面；14.8X21 公分. -- (Being；1)
ISBN 978-986-97165-5-0( 平裝 )

1. 臺灣政治　2. 言論集

573.07　　108012458

*Being*
*01*

# 我的青春，在台灣


主述　傅榆
採訪撰文　陳令洋
文字協力　張惠菁、賴虹伶
執行長　陳蕙慧
總編輯　張惠菁
主編　賴虹伶
行銷總監　李逸文
行銷經理　尹子麟
行銷企劃　姚立儷
封面設計　廖　韡
內頁排版　簡單瑛設

社長　郭重興
發行人兼
出版總監　曾大福
出版　衛城出版
發行　遠足文化事業股份有限公司
地址　23141 新北市新店區民權路 108-2 號 9 樓
電話　02-22181417
傳真　02-22180727
客服專線　0800-221-029
法律顧問　華洋法律事務所 蘇文生律師
印刷　呈靖彩藝有限公司

初版一刷　西元 2019 年 11 月
初版二刷　西元 2020 年 01 月
Printed in Taiwan




＊如有缺頁或破損，請寄回更換
歡迎團體訂購，另有優惠，請洽 02-22181417，分機 1124、1135




ACRO POLIS
衛城
E-mail acropolismde@gmail.com
Facebook https://www.facebook.com/acropolispublish/